龍應台演講集 下

因為殘酷，所以傾聽

龍應台

序

一道浪不是一個海洋

我其實害怕演講，因為每一次的演講，為了不辜負那親身來聽講的人，都要花很多、很多的時間準備。而且，通常一個題目只講一次，不重複。如果時間就是金錢的話，那麼演講比文章可能成本更高，不敢多做。

而且，任何前台的燈光亮起，都有台後的孤僻症發作。在擔任公務員的高壓時期，有一次演講，大廳已經千人坐滿，部長坐車開到後台入口處停下來，推開車門就要直接上台了，我跟司機說，等一下，讓我先哭一分鐘。

一場演講結束之後，大綱或草稿就被放進某個剛好在手邊的抽屜，轉頭就忘了。少數的，在演講後，整理出文字刊登，刊登後，也忘了。

所以寫作四十年來，這是第一次出演講集。編輯花了洪荒之力才把散置在各處、遺忘於抽屜的演講資料給找齊收攏了，我又花了好大功夫重新閱讀，一一檢視，捨棄了百分之八十，留下的文字進入這兩集，是我覺得，在時光的凶狠淘洗之後，意義非但不減少，反而更「驚悚」的幾篇。

譬如，二〇一〇年在北京大學的演講，談「文明的力量」。雖然主辦方一直緊張著，擔心演講會被臨時取消，我甚至於在步入講堂、馬上要開講的前幾分鐘，還覺得不可能上得了台；在那樣的時空下，竟然能夠在滿堂的鴉雀無聲中，平平靜靜地說：

如果說，所謂的大國崛起，它的人民所引以自豪的，是軍事的耀武揚威，經濟的財大氣粗，政治勢力的唯我獨尊，那我寧可它不崛起，因為這種性質的崛起，很可能最終為它自己的人民以及人類社區帶來災難和危險。

誰又在乎血濃於水？至少我不那麼在乎。如果我們對於文明的尺度完全沒有共識，如果我們在價值的基座上，根本無法對話，「血濃於水」有意義嗎？

二〇一〇年的北京，還容許一個台灣人在那片土地上，誠懇地說話，台下的人，從容地聆聽。

很少人能想像十年後的滿江寒氣、遍地肅冷。

二〇〇四年，在香港大學的演講，題目是：香港，你往哪裡去？

二十年後的今天讀來，覺得背脊發涼：

中國，不是不可以愛。英國殖民者曾經多麼防備你去愛它，連鴉片戰爭都一筆帶過。但是，中國值得香港人去了解、去愛的，是它的法官還是它的囚犯？是它的軍隊還是它的人民？是唐詩宋詞還是黨國機器？是它的土地還是它的宮殿？香港如果要對中國做出真正重大的歷史貢獻，是去順從它還是去督促它？

那一年，才剛卸下台北市政府的公職，到香港不久，那天的演講中，我說：

別再告訴我「香港人雖然沒有民主，但是有自由」，因為沒有民主保障的自由是假的自由，它隨時可以被你無法掌握的權力一筆勾銷。

暗夜重讀，悲從中來。

一九九九年五月，在台大法學院演講，挑選的主題是：政治人的人文素養。為什麼選這個題目？因為流行的戲謔說法是，台大法學院「出產最多危害社會的人」，它專門為台灣生產政治領導人。「二十五年之後，」我半認真地開場，說，「當你們之中的諸君變成社會的領導人時，我才七十二歲，我還要被你們領導，受你們影響，所以『先下手為強』，今天先來影響你們。」

對法學院的學生談文學的重要。文學，有如一排湖畔白楊樹在水裡的倒影，告訴你不能只看見岸上的實體，也要看見水裡的虛體。哲學，是思辨的鍛鍊，讓你在世事的迷宮裡，認出北極星找到方向。史學，像一朵沙漠玫瑰，從枯槁到盛開，看到過去才認識現在。我們需要有人文素養的政治人物，因為影響眾人生命的政治人物，必須擁有「真誠惻怛」之心。

幾乎二十五年過去了。政治人物的人文素養——怎麼說呢？

二〇一二年，在溫哥華的英屬哥倫比亞大學演講，面對來自台灣、中國大陸、香港、星馬、北美的華人濟濟一堂，我表達自己對「華文世界」的憧憬：

想像這樣的未來，華人的駐市作家能從北京到新加坡，從成都到台北，從台南到吉隆坡，整個華文世界都是作家、作曲家、畫家、思想家的自然國土，而中文就是他唯一的護照。

十年後，在戰爭的陰影下回眸，這樣的文化想像竟然像一場暑熱中的昏睡囈語。

但是，別搞錯了，我一點都不覺得，人類是倒退的。從一個浪尖到浪谷，當然是一個下墜趨勢，可是浪谷接下去就是下一個浪起，何況，一道浪不是一個海洋，海洋真正的起伏高度，我們往往看不見。

演講大多是對年輕世代的談話，在世代的相互懷疑中，有一件小小的事情給了我「當頭棒喝」。

二十歲讀大學的安德烈，站著、走著、坐著、躺著，都塞著耳機。我不說話，但是心裡不以為然。現代科技把年輕人推向影音，這是什麼「娛樂到死」的時代啊。有一天，他突然長長舒一口氣，兩腿伸直了，摘下耳機，興高采烈地轉頭對我說：「聽完了。」

「聽完什麼？」

他聽完了一整本吉朋寫的《羅馬帝國衰亡史》。

那一本厚厚的書，在我的床頭，放了大半年，只看了幾頁，書封一層白花花的灰塵。

二〇一八年在台北為「天下雜誌」做的一場演講中，面對幾百位我這個世代的部長、市長、局長、董事長、校長、執行長、集團主席、創辦人，我說：

我曾經代表體制。出版產業就是我的管轄範圍。如果說，我這個嬰兒潮世代的人，完全不清楚科技如何改變了知識生產、知識傳播、知識消費的基本原理，而我又是個決策者、管理者；那麼，年輕世代不信任我，他完全沒道理嗎？

……誰說網路世代比我們不在乎道德、不講究責任呢？網路新科技給了他們一個知識庫，可能使得他們比我們這一代人有更多方位的知識，更寬闊的全球視野，他們可能比我們更有能力去實踐道德責任。

不管戰爭會不會爆發，一道下墜的浪不是一個海洋，我們太需要傾聽了。我們需要傾聽不同世代的人，需要傾聽大海對岸的人，需要傾聽自己不那麼喜歡、不那麼贊同的人，需要傾聽從來不曾拿正眼瞧過的人。

演講，其實就是濟濟一堂燈光下「真誠惻怛」的相互傾聽。

特別收錄

北京未開一槍，已給台灣社會帶來裂痕

龍應台應《紐約時報》邀稿所寫
原文為英文，於二〇二三年四月十八日刊出。
中文版為紐時所譯，部分用語與台灣習慣不同，基於尊重紐時，保留全文。

台灣台東——我在台北的一個朋友最近在Facebook上寫了一篇充滿激情的帖子，敦促台灣的年輕人做好與中國開戰的準備。他認為，面對中國的奪島威脅，唯一的辦法是靠實力；其他一切都是幻想。儘管已是花甲之年，他還是發誓只要有需要，他會拿起武器。

這種情緒在台灣之普遍令人感到不安，我私下給他發訊息說，實力應該只是台灣戰略的一部分，我們的政治人士和其他公眾人物應該表現出真正的勇氣，與中國接觸，以某種方式緩和局勢。當一個更強的霸凌者威脅你的時候，難道不應該先嘗試去緩和局勢嗎？

「不要做投降派，」他反駁。

從這種友人之間的交鋒可以看到，中國未開一槍，就已經對台灣造成了怎樣的傷害。中國的侵犯威脅，以及如何應對這威脅，正在分裂台灣社會。指責對方叛國「舔共」，或者反過來，指責對方通過危險的抗中言行煽動緊張局勢已經成為常態。與中國發生衝突的恐懼正在摧毀我們的寬容和文明，以及對我們苦心建設的民主社會的信心。上個月，三十七名現任和前任台灣學者發表公開信，呼籲台北在中美之間走一條中間道路，批評美國的「軍事主義」，他們被攻擊為天真和對中國軟弱。這樣的分歧和懷疑正中中國下懷。

在台灣，與中國開戰的可能性幾乎出現在每一次晚餐談話中。

在最近的一次朋友聚會上，我們討論的焦點是中國是否會轟炸世界上最大的先進計算晶片生產商台灣積體電路製造公司，以摧毀我們最大的經濟資產之一。又或者，美國是否會為了防止台積電落入中國之手而投下炸彈？台灣的核電站是否會因焦土政策而被炸毀，從而令這個島嶼變成對中國毫無用處的放射性荒地？

在一次有軍方和策略人士參加的午餐會上，一位退休的前國防高官說，中國可以直接封鎖台灣，台灣的天然氣儲備只能維持八天左右；中國還可以切斷海底通信電纜；或者通過切斷貿易在經濟上扼殺我們。（台灣約百分之四十的出口流向中國或香港。）他說，中國可以在不訴諸軍事行動的情況下占領這個島。

這一切對台灣人民來說都不是新鮮事。我們在中國的陰影下生活了七十多年，這塑造了我們的身分。

二十世紀五〇年代，當我還是學生的時候，教室的牆上貼滿了「小心匪諜就在你身邊」這樣的警告，最嚴重的侮辱是指責某人串通「共匪」——幾十年來，台灣一直用這個詞來指稱中國共產黨。

雖然我們是島民，但在我們這一代人中，許多人從沒學過游泳，因為我們從小害怕海灘。在內戰中敗給了毛澤東的共產黨後，中國的原國民政府於一九四九年退據台灣。因為擔心遭到入侵，台灣頒布了《戒嚴令》。士兵們經常背著配有閃亮刺刀的步槍在海灘上巡邏，中國那一側海岸附近的島嶼布滿了地雷。我們被警告說，臉塗迷彩、口中銜刀的中共蛙人可能會游上岸來。

我們在這樣的境況之下建起了充滿活力的民主，並取得了經濟成功，為此我們感到自豪。我們已經證明，民主在中華文化環境裡是可以運轉的。這種焦慮、驕傲和堅持的混合是台灣性格的本質，而這一點往往被世界所忽視，世界總是視台灣為中美競爭中的一個棋子。然而我們也是有血有肉的人。

最能體現我們性格的，也許是在鄉村的農耕地區和漁村，那裡遠離台北的政治喧囂，人們總在歡笑，慷慨地送出自家土產，經常主動請客人回家吃晚飯。即使在那裡，對中國的看法也不盡相同，但有一個共同點，那就是樸素的務實主義，我希望，為了我們所有人的利益，這種務實能成為長期的主流觀念。這並不是說普通民眾認為抵抗中國是徒勞的，而是台灣永遠處於中國巨大的引力範圍內，講求實際，甚至與中國和解，可能比戰爭更可取。

我的一個朋友，一位曬得黝黑的蓮霧農民，每天都在黎明前的昏暗中醒來，戴上頭燈，仔細檢查他的果園有沒有害蟲。他害怕被攻擊為通敵，不會公開這麼說，但他支持與中國統一，只是因為這是他祖先的土地。他認為，具有相同傳統、文化和歷史的人應該成為一個國家。他想要一個強大、繁榮、屹立於世界的中國，台灣也是其中的一部分。但是，他也懷揣著在台灣普遍存在的複雜情感，如果戰爭爆發，他仍然會戰鬥，不過是為了他的屋宅、親人和村莊。

我認識的另一位農民潘志民（音）種植印度棗樹，他的果園位於台灣南部。中國是他的主要市場。上屆政府——由對中國更友好的國民黨領導，我曾在其中任職——在二〇一〇年與中國簽署了一項貿易協議，讓他的水果只用幾天就能到達中國的超市。但在有獨立傾向的民進黨於二〇一六年贏得總統選舉後，中國通過一系列禁令收緊了市場准入。潘志民不得不轉向日本，進入市場需要花費長達三週的時間，成本高昂。原本甜美多汁的水果在到達日本人餐桌上時，通常已經沒什麼味道了。

潘志民閱讀了德川家康的歷史，這位十七世紀重要的日本軍事統治者以耐心和毅力著稱，潘志民認為，台灣在面對中國時必須具備這些品質。

「當戰鬥機從頭頂飛過時，你知道我們農民會幹什麼嗎？」他問。「我們彎腰繼續耕種土地。」

我在台灣崎嶇美麗的東海岸有一個住所，太平洋的海浪拍打著岩岸，果樹在陽光下成熟，幾十年來生活的節奏幾乎沒怎麼變過。

在這裡，中國也占據著每個人的思緒。去年八月，中國在台灣周邊海域舉行實彈演習，以表達對時任美國眾議院議長南希・裴洛西訪問台北的憤怒，當時我在家裡，看著台灣戰鬥機在海上呼嘯而過，惹得村裡的狗在灌木叢下亂竄。鄰居吳芳芳（音）發來簡訊。她建議，每戶人家都應該種植不一樣的蔬菜，如果這場軍事演習演變成戰爭，糧食供應中斷，我們可以互相交換。

她問：另外，要不要考慮發電機？

這一帶最盛大的宴會是在漁民陳志和（音）的家裡舉行的，他在漁獲特別多的時候會叫朋友過來。陳志和十三歲時從他父親那裡學會了如何使用傳統方法叉捕劍魚，而他的父親又是從一位日據結束後留在台灣的日本漁民那裡學的，日本於一九四五年結束了對台灣半個世紀的殖民統治。現年五十多歲的陳志和身手敏捷，平衡和瞄準能力令人驚嘆，他站在船頭，隨著船上下起伏，向一條身長六英尺、活蹦亂跳的魚擲出魚叉。

在近日宴請賓客時，陳志和說，如果戰爭爆發，他可以航行到大約八百公里外的日本沖繩島。「有人需要我載一程嗎？」他開玩笑說。有人問申請日本居留身分需要多少錢。還有人說每天吃生魚片會很無聊。我們都笑了。

但陳志和告訴我，如果中國入侵台灣，他會「像烏克蘭人那樣」抵抗，不是因為他對中國懷有惡意——儘管北京的威脅行為讓他反感——而是因為那些靠海為生的人習慣了危險；他們為生存而戰。

我問他兒子會不會拿起武器。

他嘆了口氣。他說，許多年輕的台灣居民——沉迷於手機、社交和其他休閒活動——似乎沒有意識到這種危險。然而，如果有人不想打仗或持不同觀點，他不會去批判。

台灣將於明年一月舉行關鍵的總統選舉，是對抗中國還是尋求和解的問題將在未來幾個月對我們所有人產生重大影響。如果國民黨獲勝，與中國的緊張關係可能會緩和；如果民進黨保住了權力，誰知道呢？

陳志和說，反正都無所謂：美國和中國決定我們的命運。

我問他，如果爆發戰爭，他會怪誰。

「誰先開槍怪誰。」

目錄

龍應台演講集 下

因為殘酷，
所以傾聽

文明的力量

——從鄉愁到美麗島

二〇一〇年八月一日，應邀於北京大學百年紀念講堂發表演說，現場擠進滿座一千八百名聽眾。主辦方一直擔心演講會被臨時取消，但演講在高度緊張中順利完成，且講稿在台北《天下雜誌》及廣州《南方周末》全文刊出，見證了當時的兩岸氛圍。

看一個城市的文明的程度，就看這個城市怎樣對待它的精神病人，它對於殘障者的服務做到什麼地步，它對鰥寡孤獨的照顧到什麼程度，它怎樣對待所謂的盲流民工底層人民。

在「中國夢」裡長大

第一次接到電話，希望我談談「中國夢」的時候，我的第一個反應是：「一千枚飛彈對準我家，我哪裡還有中國夢啊？」

可是沉靜下來思索，一九五二年生在台灣的我，還有我前後幾代人，還真的是在「中國夢」裡長大的，我的第一個中國夢是什麼呢？

我們上幼稚園時，就已經穿著軍人的制服、帶著木製的步槍去殺「共匪」了，口裡唱著歌。當年所有的孩子都會唱的那首歌，叫做〈反攻大陸去〉：（播放歌曲）

反攻　反攻　反攻大陸去
大陸是我們的國土
大陸是我們的疆域
我們的國土　我們的疆域
不能讓共匪盡著盤據
不能讓俄寇盡著欺侮
我們要反攻回去　我們要反攻回去
反攻回去　反攻回去
把大陸收復　把大陸收復

這不是一種「中國夢」嗎？這個夢其實持續了滿久，它是一個至高無上的圖騰，也被人們真誠地相信。

倉皇的五〇年代進入六〇年代，「中國夢」持續地深化。余光中那首〈鄉愁四韻〉傳頌一時：（播放歌曲）

給我一瓢長江水啊長江水

酒一樣的長江水
醉酒的滋味
是鄉愁的滋味
給我一瓢長江水啊長江水

給我一張海棠紅啊海棠紅
血一樣的海棠紅
沸血的燒痛
是鄉愁的燒痛
給我一張海棠紅啊海棠紅[1]

一九四九年，近兩百萬人突然之間被殘酷的內戰連根拔起，丟到了一個從來沒有去過、甚至很多人沒有聽說過的海島上。在戰火中離鄉背井、顛沛流離到了島上的人，思鄉之情刻骨銘心，也是無比真誠的。那份對中華故土的魂牽夢縈，不是「中國夢」嗎？

我們都是名為「弘毅」的孩子

我的父母那代人在一種「悲憤」的情結中掙扎著，我這代人在他們鄉愁的國家想像中成長。但是支撐著這個巨大的國家想像下面，有一個基座，墊著你、支撐著你，那個基座就是價值的基座。

它的核心是什麼？台灣所有的小學，你一進校門當頭就是四個大字：「禮義廉恥」。進入教室，簡樸的教室裡面，牆壁上也是四個大字：「禮義廉恥」。如果一定要我在成千上萬的「格言」裡找出那個最基本的價值的基座，大概就是這四個字。

小的時候台灣跟大陸一樣，四周都是標語，只是內容跟大陸的標語不一樣。最常見到的就是小學裡對孩子的解釋：

禮，規規矩矩的態度。

義，正正當當的行為。

廉，清清白白的辨別。

恥，切切實實的覺悟。

台灣所有的小學，一進校門當頭就是四個大字「禮義廉恥」。

上了初中，會讀文言文了，另一番解釋就來了：

禮義廉恥，國之四維，四維不張，國乃滅亡。

——《管子‧牧民篇》

然而四者之中，恥尤為要。人之不廉而至於悖禮犯義，其原皆生於無恥也。故士大夫之恥，是為國恥。

——顧炎武《日知錄‧廉恥》

「士大夫之恥，是為國恥」，這些價值在我們小小的心靈有極深的烙印。

二〇〇六年，上百萬的「紅衫軍」包圍總統府要求陳水扁下台，台北的夜空飄著大氣球，一個一個氣球上面分別寫著大字：「禮」「義」「廉」「恥」。我到廣場上去，抬頭乍見這四個字，感覺好像是全台灣的人到這廣場上來開小學同學會了。看著那四個字，每個人心領神會，心中清晰知道，這個社會在乎的是什麼。

除了價值基座，還有一個基本的「態度」。我們年紀非常小，可是被教導得志氣非常大，小小年紀就已經被灌輸要把自己看成「士」，十歲的孩子都覺得自己將來就是那個

「士」。「士」，是幹什麼的？

士不可以不弘毅，任重而道遠。仁以為己任，不亦重乎？死而後已，不亦遠乎？

——《論語．泰伯篇》

我初中一年級的國文老師叫林弘毅，數學老師叫陳弘毅。同時期大陸很多孩子可能叫「愛國」、「衛東」，我們有很多孩子叫「弘毅」。我們都是要「弘毅」的。

對自己要期許為「士」，對國家，態度就是「以國家興亡為己任，置個人死生於度外」。這是蔣介石的名言，我們要背誦。十一、二歲的孩子背誦這樣的句子，用今天的眼光看，挺可怕的，就是要你為國家去死。

然而在「國家」之上，還有一句：

為天地立心，為生民立命，為往聖繼絕學，為萬世開太平。

——張載

對那麼小的孩子也有這樣的期待，氣魄大得有點嚇人。饒有深意的是，雖然說以國家至上，但是事實上張載所說的是，在「國家」之上還有「天地」，還有「生民」，它其實又修正了國家至上的秩序，因為「天地」跟「生民」比國家還大。

十四歲的時候，我第一次讀到《國語》，《國語》是兩千多年前的經典了，其中一篇讓我心裡很震動：

厲王虐，國人謗王。召公告曰：「民不堪命矣！」王怒，得衛巫，使監謗者。以告，則殺之。國人莫敢言，道路以目。王喜，告召公曰：「吾能弭謗矣，乃不敢言。」召公曰：「是障之也。防民之口，甚於防川，川壅而潰，傷人必多。民亦如之……」

王不聽，於是國人莫敢出言。三年，乃流王於彘。

——《國語．周語上》

最後一句，簡單幾個字，卻雷霆萬鈞，給十四歲的我，深深的震撼。就是這個價值系統，形成一個強固的基座，撐起一個「中華大夢」。

低頭看見腳下的泥土

這個中國夢在七〇年代出現了質變。

一九七一年中華民國被迫退出聯合國，台灣人突然之間覺得自己變成了孤兒。可是，最壞的還沒到，一九七九年一月一日，中美正式斷交，這個「中」指的是當時的中華民國，也就是台美斷交，中美建交。長期被視為「保護傘」的美國撤了，給台灣人非常大的震撼，覺得風雨飄搖，這個島是不是快沉了[2]。在一種被整個世界拋棄了而強敵當前的恐懼之下，救亡圖存的情感反而更強烈，也就在這個背景下，原來那個中國夢對於一部分人而言是被強化了，因為危機感帶來更深更強的、要求團結凝聚的民族情感；大陸人很熟悉的〈龍的傳人〉，是在那樣悲憤傷感的背景下寫成的。這首歌人人傳唱，但是一九八三年，創作者「投匪」了，歌，在台灣就被禁掉了，反而在大陸傳唱起來，情境一變，歌的意涵又有了轉換。

你們是否知道余光中〈鄉愁四韻〉詩裡所說的「海棠紅」是什麼意思？

我們從小長大，那個「中國夢」的形狀，也就是中華民國的地圖，包含外蒙古，正是海棠葉的形狀。習慣這樣的圖騰，開始看見中華人民共和國地圖的前面好幾年，我都還有種奇怪的錯覺，以為，哎呀，這中國地圖是不是畫錯了？

一九七八年十二月十六日，美國總統卡特宣布將與中共建交當日，正進行中央民意代表增額選舉的各候選人，在獲知選舉延期後，立即將宣傳車改裝，上街抗議台美斷交。

七〇年代整個國際情勢改變，台灣的「中國夢」開始有分歧。對於一部分人而言，那個「海棠」中國夢還虔誠地持續著，可是對於另外一部分人就不一樣了。夢，跟著身邊眼前的現實，是會變化的。一九四九年被連根拔起丟到海島上的一些人，我的父母輩，這時已經在台灣生活了三十年，孩子也生在台灣了——這海島曾是自己的「異鄉」卻是孩子的「故鄉」了，隨著時間推移，無形之中對腳下所踩的土地產生了具體而實在的情感。所以，你們熟悉余光中寫的那首〈鄉愁四韻〉，卻可能不會知道他在一九七二年的時候創作了另外一首詩，詩歌禮讚的，是台灣南部屏東海邊一個小鎮，叫枋寮：

車過枋寮

雨落在屏東的甘蔗田裡
甜甜的甘蔗甜甜的雨
肥肥的甘蔗肥肥的田
雨落在屏東肥肥的田裡
從此地到山麓
一大幅平原舉起

多少甘蔗，多少甘美的希冀
長途車駛過青青的平原
檢閱牧神青青的儀隊
想牧神，多毛又多鬚
在哪一株甘蔗下午睡

余先生這首詩，有「中國夢」轉換的象徵意義。但是今天想跟大家分享的，還有一首我稱之為「里程碑」的歌，叫〈美麗島〉。

一位淡江大學的年輕人，李雙澤，跟很多台灣年輕人一樣，七〇年代發現台灣不能代表中國，而且逐漸被國際推到邊緣，在危機感和孤獨感中，年輕人開始質問自己：為什麼我們從小被教要愛長江、愛黃河、歌頌長城的偉大——那都是我眼睛沒見過，腳板沒踩過的土地，而我住在淡水河邊，怎麼就從來不唱淡水河，怎麼我們就不知道自己村子裡頭小山小河的名字[3]？台灣也不是沒有大江大海呀？

青年人開始推動「唱我們的歌」，開始自己寫歌。那個「中國夢」顯得那麼虛無飄渺，是不是該看看腳下踩的泥土是什麼樣？他寫了〈美麗島〉，改編自一首詩，一下子就流行起來，大家都喜歡唱。

〈美麗島〉真的是代表了從中國夢慢慢地轉型到「站在這片泥土上看見什麼、想什麼」的「台灣夢」里程碑：（播放歌曲）

我們搖籃的美麗島
是母親溫暖的懷抱
驕傲的祖先正視著
正視著我們的腳步
他們一再重複地叮嚀
不要忘記　不要忘記
他們一再重複地叮嚀
篳路藍縷　以啟山林
婆娑無邊的太平洋
懷抱著自由的土地
溫暖的陽光照耀著
照耀著高山和田園
我們這裡有勇敢的人民

篳路藍縷　以啟山林
我們這裡有無窮的生命
水牛　稻米　香蕉　玉蘭花

一九七五年，我二十三歲，到美國去讀書，每天泡在圖書館裡，從早上八點到半夜踩著雪光回到家，除了功課之外就有機會去讀一些中國近代史的書，第一次讀到國共內戰的部分，第一次知道一九二七年國民黨對共產黨員的殺戮，才知道之前所接受的教育那麼多都是被黨和國家機器所操縱的謊言，這是一個很大的震撼。十年之後寫了《野火集》，去「腐蝕」那個謊言。

一九七九年，我個人的「中國夢」也起了質變。在中國夢籠罩的台灣，我們是講「祖籍」的。也就是說，任何人問，龍應台你是哪裡人，我理所當然的回答就是：「我是湖南人。」

這麼一路做「湖南人」做了幾十年，到一九七九年，中國大陸開放了，我終於在紐約生平第一次見到了一個真正的「共匪」站在我面前，這個樸實人剛剛從湖南出來，一口濃重的湖南腔。有人衝著他問「你是哪裡人」，他就說「我是湖南人」，問話者接著就回頭問我「你是哪裡人」——我就愣住了。

我不會說湖南話，沒有去過湖南，對湖南一無所知，老鄉站在面前，我登時就說不出話來了。這一輩子的那個「中國夢」突然就把我懵在那兒了，這是一九七九年一個非常大的震撼——原來啊，我是台灣人。

一起作夢，一起上課

從海棠葉的大中國夢慢慢過渡到台灣人腳踩著泥土的小小台灣夢，人民在七〇年代末八〇年代初開始問「我是誰」。八〇年代後，台灣兩千多萬人走向了轉型，自我感覺就是愈來愈小，什麼事情都一步一個腳印，一點一點做。所以，台灣人就一塊兒從大夢慢慢轉到小夢的路上來了，開始一起上八〇年代的民主大課。這個民主課程上得有夠辛苦。

〈美麗島〉這首歌，在一九七九年變成黨外異議人士的雜誌名字，集結反對勢力。當年十二月十日，政府對反對者的大逮捕行動開始，接著是大審判。面臨巨大的挑戰，國民黨決定審判公開，這是審判庭上的一張照片。

你們認得其中任何一個人嗎？第二排露出一排白牙笑得瀟灑的，是施明德，他被判處無期徒刑。施明德右手邊的女子是陳菊，今天的高雄市長（二〇〇六到二〇一八），左

一九八〇年美麗島大審判。第二排露出一排白牙笑得瀟灑的，是施明德，他被判處無期徒刑。
施明德右手邊的女子是陳菊，左手邊是呂秀蓮。

手邊是呂秀蓮，卸任的副總統（二〇〇〇到二〇〇八）。

我想用這張圖片來表達八〇年代台灣人慢慢地腳踩泥土重建夢想和希望的過程。如果把過去的發展切出一個三十年的時間切片來看，剛好看到一個完整的過程：這圖裡有三種人，第一種是叛亂犯，包括施明德、呂秀蓮、陳菊等等；第二種是英雄，在那個恐怖的時代，敢為這些政治犯辯護的律師，包括陳水扁、謝長廷、蘇貞昌等等；第三類是掌權者，當時的總統是蔣經國，新聞局長是宋楚瑜。從這些名字你就看出，在三十年的切片裡，政治犯上台變成了掌權者，掌權者下台變成了反對者，而當時得盡掌聲以及人們殷殷期待的，以道德作為註冊商標的那些英雄們變成了什麼？其中一部分人變成了道德徹底破產的貪汙嫌疑犯。

這個轉變夠不夠大？親眼目睹這樣一個切膚痛苦的過程，你或許對台灣民主的所謂「亂」會有新的理解。

它所有的「亂」，在我個人眼中看來，都是民主的必修課；它所有的「跌倒」都是必須的實踐，因為只有真正跌倒了，你才真正地知道，要怎麼再站起來，跌倒本身就是一種考試。所以，容許我這樣說：台灣民主的「亂」，不是亂，它是必上的課。

表面上台灣被撕裂得很嚴重，但不要被這個表面騙了。回到基座上的價值觀來看，從前的中國夢慢慢被拋棄了，逐漸發展為台灣的小夢，然後一起上非常艱辛、痛苦的民主課，然而台灣不管是藍是綠，其實有一個非常結實的共識，比如說：

國家是會說謊的，

掌權者是會腐敗的，

反對者會墮落，

政治權力不是唯一的壓迫來源，

資本也可能產生一樣的壓迫。

而正因為權力的侵蝕無所不在，所以個人的權利比如言論的自由，是每個人都要隨時隨地、寸土必爭、絕不退讓的。

這是大多數台灣人的共識。你所看到的爭議、吵架，立法院撕頭髮丟茶杯打架，其實都是站在這個基礎上的。這個基礎，是以共同的價值觀建立起來的。

誰在乎「血濃於水」？

回到今天中國夢的主題，可能有很多台灣人會跳起來說：中國不是我的夢，我的夢裡沒有中國。

但是，你如果問龍應台有沒有中國夢，我會先問你那個中國夢的「中國」指的是什麼？如果指的是「國家」或「政府」，「國家」「政府」在我心目中不過就是個管理組織，對不起，我對「國家」沒有夢，「政府」是會說謊的。但如果你說的「中國」指的是這塊土地上的人，這個社會，我怎麼會沒有夢呢？別說這片美麗的土地是我摯愛的父親、母親永遠的故鄉，這個地方的好跟壞，對於台灣有那麼大的影響，這個地方的福與禍，會牽動整個人類社區的未來，我怎會沒有中國夢呢？

我們就從「大國崛起」這個詞說起吧。我很願意看到中國的崛起，可是我希望它是以文明的力量來崛起的。

如何衡量文明？我願意跟大家分享我自己衡量文明的一把尺。它不太難。看一個城市的文明的程度，就看這個城市怎樣對待它的精神病人，它對於殘障者的服務做到什麼地步，它對鰥寡孤獨的照顧到什麼程度，它怎樣對待所謂的盲流民工底層人民。對我而言，這是非常具體的文明的尺度。

一個國家文明到哪裡，我看這個國家怎麼對待外來移民，怎麼對待它的少數族群。我觀察這個國家的多數如何對待它的少數——這當然也包含十三億人如何對待兩千三百萬人！

誰在乎「大國崛起」？至少我不在乎。我在乎的是剛才我所說的文明刻度——你這大國怎麼對待你的弱勢與少數，你怎麼包容意見不同的異議分子，這，才是我在乎的。

如果說，所謂的大國崛起，它的人民所引以自豪的，是軍事的耀武揚威，經濟的財大氣粗，政治勢力的唯我獨尊，那我寧可它不崛起，因為這種性質的崛起，很可能最終為它自己的人民以及人類社區帶來災難和危險。

誰又在乎「血濃於水」？至少我不那麼在乎。如果我們對於文明的尺度完全沒有共識，如果我們在價值的基座上，根本無法對話，「血濃於水」有意義嗎？

我的父親十五歲那年，用一根扁擔、兩個竹簍走到湖南衡山的火車站前買蔬菜，準備挑回山上。剛巧國民黨在招憲兵學生隊，這個少年當下就做了決定：他放下扁擔就跟著軍隊走了。

我的父親在一九一九年出生，二〇〇四年，我捧著父親的骨灰回到了湖南衡山龍家院的山溝溝，鄉親點起一路的鞭炮迎接這個離家七十年、顛沛流離一生的遊子回鄉。

在家祭時，我聽到一個長輩用最古老的楚國鄉音唱出淒切的輓歌。一直忍著眼淚的我，那時再也忍不住了。

楚國鄉音使我更深刻地認識到父親一輩子是怎麼被迫脫離了他自己的文化，過著不由自主的放逐的一生。一直到捧著他的骨灰回到那片土地，我才深切地感覺到這個七十年之後以骨灰回來的少年經歷了怎樣的中國近代史。而我在浙江新安江畔長大的母親，是如何地一生懷念那條清澈見魚的江水。

因爲開闊包容，所以柔韌長遠

所以，請相信我，我對中國的希望是真誠的。但是請不要跟我談「大國崛起」，請不要跟我談「血濃於水」，我深深盼望見到的，是一個敢用文明尺度來檢驗自己的中國；這樣的中國，因為自信，所以開闊，因為開闊，所以包容，因為包容，所以它的力量更柔韌、更長遠。當它文明的力量柔韌長遠的時候，它對整個人類的和平都會有關鍵的貢獻。

一九八五年我寫《野火集》，一九八六年一月，《野火集》在風聲鶴唳中出版。八月，我遷居歐洲。離開台灣前夕，做了一場臨別演講，是「野火」時期唯一的一次。演講在害怕隨時「斷電」的氣氛中進行。今天，二〇一〇年八月一日，在北京大學，我想念那篇演講的最後一段，與大陸的讀者分享：

在臨別的今天晚上，你或許要問我對台灣有什麼樣的夢想？有。

今天晚上站在這裡說話，我心裡懷著深深的恐懼，恐懼今晚的言詞帶來什麼後果，我的夢想是，希望中國人的下一代可以在任何一個晚上站在任何一個地方說出心裡想說的話，而心中沒有任何恐懼。我們這一代人所做的種種努力也不過是希望我們的下一代將來會有免於恐懼的自由。

那是一九八六年八月十一日。

1 余光中《白玉苦瓜》，一九七四，大地出版。

2 一九七八年十二月十六日凌晨，美國總統卡特在華盛頓宣布與中華人民共和國將在一九七九年一月一日正式建交，同時與中華民國斷交，並終止《中美共同防禦條約》。

3 李雙澤：一九四九—一九七七，台灣作曲家、民歌歌手，創作以「唱自己的歌」為主旨，與胡德夫、楊弦被共尊為台灣校園民歌運動的催生者。一九七七年於淡水海濱為救人意外過世。〈美麗島〉一曲李雙澤生前並未發表，後經友人編錄，於其告別式上首度發布。

文化是一把鑰匙

二〇〇六年十一月十九日，龍應台應邀於澳洲墨爾本藝術中心與海外華人分享有關「華文世界的理解與誤解」。全場聽眾有三分之二來自中國大陸，其次為台灣，還有來自馬來西亞、香港、新加坡和澳門等地，如此豐富背景的華語聽眾齊聚一堂，為當地難得盛事。

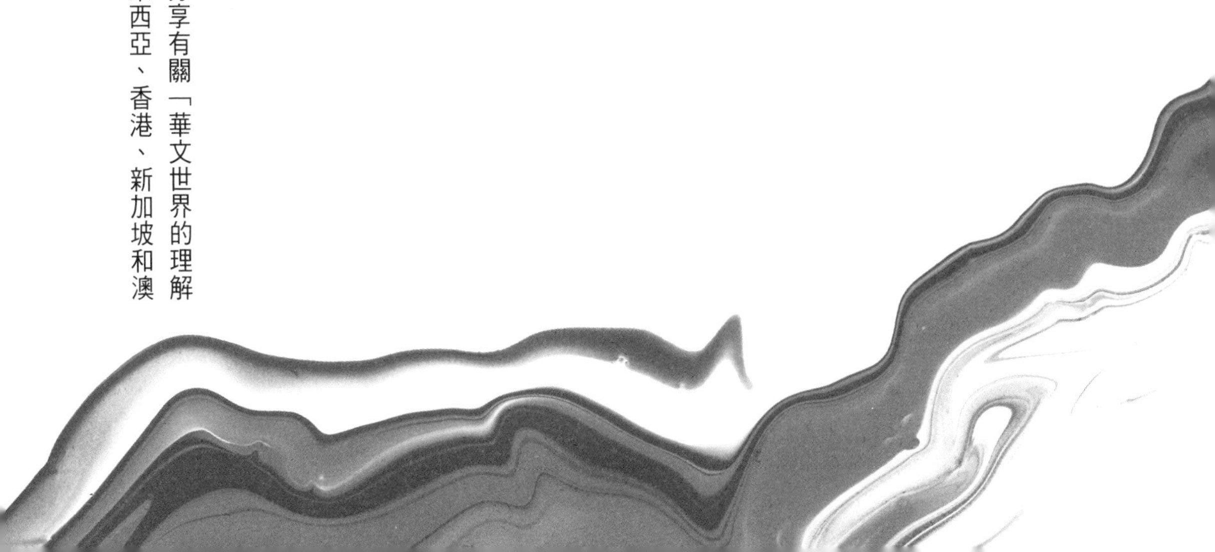

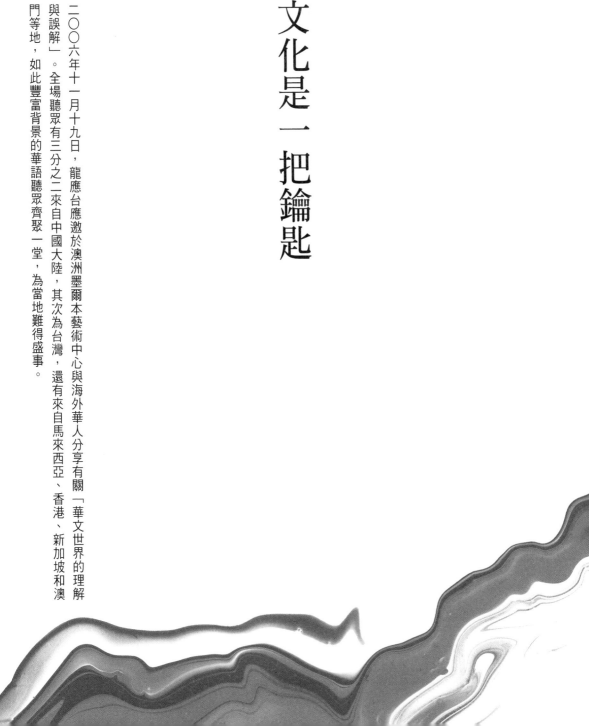

你可以用槍開門，但是用槍開門，那門也破了。
而文化是一把鑰匙，只要有鑰匙，沒有打不開的門，穿不透的牆。

遠渡重洋的文化種子

回想我認識幾個華文世界的歷程，最先接觸到的，應該是留學時期的美國紐約和舊金山華文社區。那裡的華文社區經過好幾代人的努力，到我去留學的二十世紀末，已經形成一個相當成熟的華文社區風貌。

在那之後，又接觸到古巴的華人。早在十八世紀末十九世紀初，就有華人遠渡重洋到古巴去，只是之後那個支脈斷掉了。至今你還是會在哈瓦那市場上見到有華人血統的古巴人，他會坐下來用西班牙語跟你溝通，你問他姓什麼，他試著用中文描一個字給你看，說他姓「高」，寫下「高」這個字，可是裡面的「口」忘了，只模糊記得這個字的模樣。我特別去看哈瓦那的華人墳場，一大片山頭墳墓全部望向一個方向——祖國的方向，很多都是一八六〇同治年間的墳。那時福建廣東沿海很多人上了所謂的「豬仔船」，有一艘船，離岸時，大概載了一千三百多人，都是些年輕力壯的小夥子，到了古巴，只剩下三百個人活著下船；而這三百個人，上岸後才知道自己已賣身為奴了。

這是在我認識華人社區發展的歷程裡，一個很特別的記憶。

今天來這裡聽講的，多數都是澳洲的第一代華人。如同百年前的華人一樣，移民都有各種逼不得已的理由，也許是經濟的因素，或者基於政治的壓迫，使得人們離開祖國的泥土，花果飄零到另外一個土壤，去生根發芽。因為是第一代，就會特別艱辛。

可我相信儘管艱辛，文化的種子總是跟著人走的，同時因為這分艱辛，它更體現了中華文化的韌勁與強悍。

這樣近，那樣遠

我父母在一九四九年逃離大陸，經過海南島抵達台灣，我在台灣出生長大。我必須承認，我成長過程的那分世界觀是非常狹隘的，對於中國大陸的認識也是非常扭曲的。但當我後來有機會和自己同代的大陸人交流，卻發現，兩岸對彼此認知的扭曲實在太像了。

我們從小被教導大陸人是萬惡的共匪，不知道來自台灣的朋友們還記不記得，以前到郵局買標準信封，上面都會印著「反共抗俄」，更早期還有「殺豬（朱）拔毛」的字樣。從幼稚園到初中高中，學校的戲劇表演，我演過穿著軍裝、拿著木槍，刺殺敵人的角色。後來跟大陸同代人聊天，發現他們這種戲劇比我們多得多了，台灣遠遠比不上大陸那種鋪天蓋地的程度。台灣把中國大陸妖魔化，中國大陸把台灣妖魔化，我們這一兩代人基本上都是這麼長大的。

不只兩岸之間長期隔絕互不了解，作為一個台灣人，我對於香港的認識幾乎等於零。二〇〇三年初，我離開台北市政府後，之所以選擇香港，是帶著一點補課的心情，因為覺得我自稱華文世界的知識分子，對香港的認識卻如此貧乏，是不可原諒的。

台灣一般人對香港的認識不外乎：香港都是有錢人、功利主義、殖民地，基本上就這幾個印象。我真正到了香港後，才發現香港其實跟我們過去的印象差別很大。如果追蹤香港一路發展過來的蹤跡，便會發現香港人的過去與台灣人有很多地方是類似的。

舉例來說，香港的五〇年代也跟台灣的五〇年代一樣，都曾接受外國物資援助。台灣人接受的是美援，美國人給的物資援助有麵粉、奶粉，還有聖誕卡。節儉的媽媽們會把粗麻線製成的麵粉袋，車成T恤給小孩穿。台灣那一代人幾乎都有的集體記憶，是小時候穿的美援麵粉袋，衣服上有兩隻交握的大手，寫著「中美合作」、「二十公斤」，小

早在十八世紀末十九世紀初，就有華人遠渡重洋到古巴去，至今你還是會在哈瓦那市場上見到有華人血統的古巴人。

孩子穿著這樣的衣服滿街跑。我到了香港才發現，那些我們眼中的香港「有錢人」，他們的童年記憶和台灣人一樣，只不過他們穿的麵粉袋不是來自美國，而是英國，那一代的香港人也有媽媽用麵粉袋做衣服，身上穿著「中英合作」、「二十公斤」的記憶。

台灣、香港這兩個地方，在地理上如此接近，歷史的軌跡又如此相似。一九四九年，一批上海的文人逃離共產黨時，面臨一個抉擇，那就是到了香港之後要不要繼續再往台灣走。同樣一批知識分子分流到香港與台灣；這兩個地方的歷史發展重疊性這樣高，應該是兩個姊妹城，可是兩邊的人卻彼此了解得那麼少。

有些比較重要的文章我會一稿六地刊出，也就是說，同一篇文章會同步刊登在台北、香港、馬來西亞、新加坡及美國等地的報紙，如果尺度允許，還包括中國大陸的報紙。六地刊登其實代表了一個奇特的現象：說明這幾個華人社區有共同的關注點，可它同時代表了相反的意義，就是這六個華文世界其實是彼此隔絕的，訊息不太流通，因此一篇文章才必須刊登在六個不同的報紙。在歐洲我就不能一份稿子投《新蘇黎世報》，同時又給法蘭克福的《匯報》跟維也納的報紙，因為這三個城市都是德文世界，彼此之間是流通的，是暢通無阻的。法蘭克福人經常讀蘇黎世的報紙，蘇黎世人也常看法蘭克福或維也納的報紙。

在華文世界裡中國大陸的讀者看不到台灣的報紙，台灣人也看不到大陸的報紙，香港人不看台灣報紙，台灣人也不看香港報紙。最奇特的是馬來西亞和新加坡，新加坡獨立以前，他們共享同一段歷史，而且從地理位置看根本就是一個半島上的，可是現在的新加坡和馬來西亞禁止販售對方的報紙，無法互通。用我的文章作例子，它凸顯的是幾個華文世界之間的隔離和有意的阻斷，六個地區對彼此的認識非常少，又充滿政治性的扭曲。

南方華人世界，包括新加坡、馬來西亞、香港和台灣，都有或多或少、或長或短被殖民的經驗。殖民特徵就是，被殖民者對自己的歷史相當陌生，對殖民者卻充滿崇慕。台灣人對香港的認識比不上對東京的認識，心態上比較嚮往東京；香港人對倫敦的認識超過他對隔壁台北的認識；新加坡跟馬來西亞也是同樣的狀況。殖民者有策略地讓你接受殖民者的價值觀跟衡量世界的標準，使你認同很遠的殖民者國家，卻對離自己很近的地區不屑一顧。由於種種歷史原因，新加坡跟馬來西亞，香港跟台北，或者是台灣跟大陸之間，彼此都不熟悉。

但更仔細地檢視這幾個華人世界的過去，會發現，這些地方雖然長期彼此隔離，但似乎又有些共同的文化連結。比如說，在這幾個地區有很長一段時期，台灣都是一個最重要的文化輸出地，馬來西亞、新加坡跟香港好幾代人的成長過程中，讀什麼人的詩，看什麼人的小說，聽什麼流行歌曲，基本上都是受到台灣的影響。但也有好一段時期，香港對台灣人來說才是文化輸出地。因為台灣在國民黨長期統治下，資訊受到管制，如果台灣人渴望知道國民黨控制之外的其他訊息，就必須偷偷地從香港買書或雜誌。

四百年前的流亡

處於海峽兩岸的台灣跟大陸，長期隔絕，彼此不認識。初到美國時，我有過一個小小的震撼。美國電視台訪問一個四川鄉下的農民，那個人有著典型農民的臉——臉上全是皺紋，戴著斗笠，開口一看，裡面的牙全沒了，說著四川話。我看到那樣一個畫面，嚇了一跳：「不是萬惡的共匪嗎？」怎麼那麼憨厚、樸實、貧窮，看起來完全是個需要照顧的人，跟我心目中「萬惡共匪」的形象完全連接不起來。

由於政治上的對峙，我們在台灣長大所見到的毛澤東畫像，都又醜又胖又難看。到了美國，第一次看到不同於台灣的毛澤東畫像，嚇了一跳——他長得很正常嘛。後來才知道，其實大陸人長大過程中看到的蔣介石畫像也都奇醜無比。兩邊對彼此的醜化、妖魔化，造成兩岸人民彼此的不理解，我希望透過今天的演講，大陸朋友可以多理解一些台灣的歷史，多理解台灣今天為什麼會對大陸感到疏離，以及台灣意識的形成是怎麼來的。請先不要從政治對峙的角度去看，或者，請先用文學的心情來理解它。

其實，台灣的歷史很有趣，有時真覺得今天像是歷史重演。反清復明的鄭成功率領大軍從澎湖到了台灣，一心要反攻大陸，光復河山。鄭成功有一首詩〈出師討滿夷——自瓜州至金陵〉：

縞素臨江誓滅胡，雄師十萬氣吞吳，試看天塹投鞭渡，不信中原不姓朱。

鄭成功流亡台灣一生所努力的就是要光復大陸。詩的氣魄很大，但實際的政治形勢卻不是這樣，鄭成功在台灣的努力，到他兒子鄭經那一代就沒法繼續下去了。

歷史真是有太多巧合了。你們是否記得，在台灣和大陸對峙談判的過程裡，有一度台灣對大陸提出「三不政策」：不接觸，不談判，不妥協。清廷派人來接觸鄭經時，提出的招安條件也包含一個「三不」政策：不剃髮，不易服，不登岸，你只要乖乖成為大清的一個省就好。對此，鄭經有一首詩，題頭注解是「滿酋使來有不登岸不易服之說，憤而賦之」：

王氣中原盡，衣冠海外留，雄圖終未已，日夕整戈矛。

後來，施琅來了，把台灣拿下。你可以看到這兩首詩所表達的歷史轉折，也可以看到四百年前台灣與大陸的緊張關係。

明朝最後的王朱術桂，在鄭成功的保護下流亡到了台灣，流亡四十年後自殺，一起流亡到台灣的五個妃子同時自盡。你們有機會到台南去的話，這五個妃子的墓還在那邊。朱術桂在自殺前寫下一首絕命詩，「艱辛避海外，只為幾莖髮」，頭髮在這裡當然是象徵更高的東西，是血脈與明朝政權的延續；「於今事畢矣，不復採薇蕨」，意思是清兵攻進，大勢已去，我流亡的日子就此終結。想了解今天的台灣，不能不了解過去的台灣。一八九四年的甲午戰爭，清廷戰敗要割地，李鴻章當時所說的話，到今天還被台灣的政治人物拿來使用。清廷要割讓台灣時，李鴻章在朝廷上安慰慈禧太后說，台灣這個地方是個蠻荒的小島「鳥不語，花不香，男無情，女無義」，丟掉不可惜，這是一八九五年的話，一百年後呂秀蓮還拿來用，藉此證明「中國從來就沒有在乎過台灣」。

現代化的腳步

一八九五年之前，到台灣去的大部分是漳州人、泉州人，而且都是「羅漢腳」。就是說，會到台灣，是因為家鄉實在活不下去，沒辦法種地了，所以才會冒死坐上船渡過台灣海峽，經歷九死一生，到蠻荒之地去墾荒。那個時候，如果問在台灣的漢人「你是什麼人」，他不會說「我是中國人」，當時的人沒有現代的國家概念，那時候他的答案一定是，「我是泉州人」、「他是漳州人」，這兩地的人天天械鬥、搶地，爭奪資源。

一八九五年台灣割給日本的消息傳出時，據史載台灣人的反應，「若午夜暴聞轟雷，驚駭無人色」，「奔相走告，聚哭於市中」，大家聚在大街上放聲大哭，「夜以繼日，哭聲達於四野」。

那個時候，日本政府其實有個還滿文明的規定：給你兩年的時間，不願意做日本人的，你可以走，願意歸順的，就留下來。一八九六年，有個有名的士紳丘逢甲，決定離開，寫了〈離台詩〉，表達他沉痛的心情，其中這兩句「宰相有權能割地，孤臣無力可回天」，流傳最廣。

有個在一八九四年割地前剛出生，後來被台灣文學史家評為「台灣文學之父」，名叫賴和的彰化人。他一出生，就變成日本人了。他曾經被日本人關到監牢裡，因為他一輩子拒絕寫日文，只用漢字寫作，甚至連帳單都不用日文寫。他頗受魯迅影響，曾試圖用白話文寫短篇小說，而且寫得特別精采。賴和有一首詩〈初夏遊劍潭山寺〉，劍潭在台北圓山飯店旁邊，那裡有個寺廟。賴和怎麼寫呢？

一葉扁舟泛晚風，劍光隱約有無中，層層急浪磨天碧，滾滾流波浴日紅。
家國興亡有遺恨，子孫不肖負前功，我來獨向空潭哭，煙水茫茫盡向東。

這是大約在一九四〇年寫的詩，三年之後的一九四三年，賴和過世。

日本統治台灣的手段跟它統治韓國的手段是不一樣的，日本對朝鮮採用高壓的、鎮壓的方式，反彈特別大；對台灣則採用懷柔的方式。比如說，同樣要你改宗教、改姓名，日本對韓國人說，你不改的話，就要坐牢；但在台灣是用獎勵的方式，如果你改的話，你就會得到什麼東西鼓勵，完全不一樣。這也部分解釋了為什麼韓國人和台灣人對於日本的感覺不同。

日本人統治台灣，是打算在台灣長治久安的，所以把大量工業化投資放在台灣，而工業化過程帶來的是現代化。二十世紀初的中國知識分子、有志救國的菁英，都是到日本去留學的，因為日本當時非常先進。所以日本人統治台灣時，雖然是殖民，可是同時也把現代化帶進了台灣，譬如台灣很早就有郵政系統，很早就有路燈，也很早就有工業局及自來水的全面供應。台灣人的孩子今天過六歲生日，第二天鄉公所就來了一張明信片，說你的孩子要在什麼時候到學校去報到，要上小學了，日本人也將義務教育的體系帶來台灣。其實這些都是現代管理的跡象，日本殖民者等於規劃並且推動了台灣成為現代化國家的工程，也因此當時台灣是走在中國的前面，就好像香港跟著英國走這樣的概念。

祖國來了之後

到了一九四五年，台灣「光復」到中華民國懷抱裡，大部分人民都感到普天同慶，舉國歡騰，歡迎國民黨的軍隊來接收。關於一九四五年的場面，有些文件的描述是，台灣人抱著熱烈的激情到碼頭歡迎國軍，結果下船的國民黨軍隊是什麼樣的狀態呢？國軍打日本打了八年，疲憊不堪，而且這些軍人很多是從農村抓兵抓來的，穿著草鞋，一身襤褸，他們就這樣一個個下船來。見識過日本兵現代化裝備的台灣人大吃一驚，他們沒想到熱烈期待的祖國軍隊卻是一群襤褸不堪、叫化子一樣的人。很多口述歷史寫到，國軍進來台灣，分配到民宅去住，簡直像共產黨軍隊第一次進上海一樣，國民黨的軍隊看到電燈，就把燈泡拔下來，以為把它帶回家黏到牆上去就有燈了；看到水龍頭打開有自來水，就把水龍頭拔下來，以為回家黏到牆上水就會出來。一九四五年台灣跟祖國的第一次接觸，誤解就已經很嚴重地存在了。然後漸漸發展成一九四七年的二二八事件，一場流血的衝突，而那分誤解一路跟台灣人走到今天。

一九四五年，熱烈期盼的祖國來了之後，這個祖國竟然如此不可愛。在日本統治台灣的時代，日本是個盛氣凌人的殖民者，可是基本上還受到東京的憲法約束。譬如說，日本警察把賣菜的小販逮進了派出所，可以不經過任何程序就把他關起來，但最多不能超過二十九天，因為他必須遵從日本憲法的規定。當然了，如果那個派出所的警察很壞，他可以跟你玩什麼把戲呢？他讓你簽個字，二十九天到了，你出去了，一出去，他把你絆一跤，又把你抓進來，他可以不斷地關你二十九天。

但是當熱切期盼的祖國來了之後，台灣人發現，它比日本的警察可怕多了。它沒有東京憲法，沒有什麼法律概念、沒有什麼長治久安的理念，它帶來的只是那時候的中國，警察把你逮進去，不是關你二十九天，它可以把你關二十九年。所以，國民黨軍隊一下船帶給台灣人的震撼是文化上的落差，接著又施加政治上的壓制，當時台灣人受到的創傷你可以想像。

一九四七年二二八事件發生後，很多台灣人流亡海外，這個事件在歷史上變成空白，就像現在「六四」不被寫進史書一樣，大陸年輕一代可能連「六四」是什麼都不知道。一九七五年我到美國留學之前，我這個外省小孩根本聽都沒聽過「二二八」這三個字。

一九五四年出生的詩人陳黎，在一九八九年寫下一首詩〈二月〉，描述二二八造成的傷口有多麼的深：

槍聲在黃昏的鳥群中消失
失蹤的父親的鞋子
失蹤的兒子的鞋子
在每一碗清晨的粥裡走回來的腳步聲
在每一盆傍晚的洗臉水裡走回來的腳步聲
失蹤的母親的黑髮
失蹤的女兒的黑髮
在異族的統治下反抗異族
在祖國的懷抱裡被祖國強暴
芒草。薊花。曠野。吶喊
失蹤的秋天的日曆
失蹤的春天的日曆[1]

這首詩寫的是二月，指的就是事件發生的二月二十八日，詩中最關鍵的莫過於「在異族的統治下反抗異族，在祖國的懷抱裡被祖國強暴」。所以，如果大陸朋友覺得台灣人對於「祖國」的概念怎麼和你們的這麼不一樣，你可能要去了解這段很長很長的歷程：

你只要被強暴過一次，不管名字是男人、丈夫或者是祖國，你永遠不會相信那個強暴過你的人。

一個文本，各自表述

同一個文本，在六個不同的華人地區發表時，在各地獲得的反應是不一樣的，因為這些地方對於歷史的理解不一樣。舉一個例子，二〇〇四年台灣發生陳水扁槍擊案，舉世譁然，有些人說台灣民主是個笑話，那所謂的民主是假的啦。槍擊案後一個月，我寫了〈為台灣民主辯護〉這篇文章，其中有一段文字，召來許多不同的反應。這段文字是這麼寫的：

> 被政客綁架了感覺不好受。
>
> 可是，讓我們把事情理清楚：
>
> 陳水扁的確是操弄了「中國妖魔牌」而贏得權力，但是他有民意支持，不管怎麼驗票，比四年前多出一百五十萬人投票給他。在指責他玩弄民粹的同時，我們可能不該忘記了根本的問題所在：中國本身的極權統治、中共對台灣的武力威脅和國際壓迫，

台灣的民主先天不足充滿缺陷，但在指責政客操弄民粹的同時，我們不該忘了根本的問題所在。

是台灣人真正的痛苦來源。這種痛苦夠深，陳水扁的操弄空間愈大。政績可以一塌糊塗，誠信可以疑雲重重，政策可以出爾反爾，國家發展可以長期原地踏步，但是因為有中共極權的威脅在，人民覺得就必須團結在他的羽翼之下，同仇敵愾。對政績、誠信、政策的質疑，對民主程序正義的堅持，都可以被當作「賣國」標售，因為中國的威脅，實實在在，就在眼前。

使我被陳水扁成功「綁架」的，是中國極權政權對台灣民主的威脅。[2]

我用兩個讀者回應來凸顯地區的價值差異。下面是一位大陸讀者的來信，很有代表性：

龍應台先生也許不明白，如果大陸民眾能夠普遍享有新聞自由和政治民主，那麼九六年李登輝挑釁大陸的時候，九九年他大談台獨的時候，二〇〇〇年阿扁上台的時候，二〇〇二年一邊一國的時候，二〇〇三年公投立法的時候，大陸也許早就揮師東進，寧為玉碎不為瓦全了，哪裡還等得到兩個子彈送陳水扁上台？哪裡還需要你龍應台現在為台灣民主辯護？事實上，所以能夠走到今天，完全仰賴於中國大陸的專制集權和不民主。

政治鎖死的門，是用槍打開嗎？我用一個台灣讀者的信來做今天演講的總結：

我不覺得台灣獨立有什麼好處，可是兩岸要統一感情上也不可能。對於這個問題維持現狀是最好的。我覺得就是叫老百姓平平安安地過日子嘛。他們說台灣獨立之後會有什麼樣國際尊嚴，我不相信也不覺得這種尊嚴有什麼重要，尤其是我在出國之後看到那麼大的世界，更加覺得以台灣這麼小的面積，這麼侷促的環境，這樣衝動的人民，要去挑起兩岸關係弄得緊張，太不聰明了。其實我知道在我心裡，有那一塊地方，跟中國文化的熱愛不可分割。從小我熟讀中國歷史，熟背古文唐詩，我熱愛金庸的小說，嚮往三山五嶽黃河長江，沒有人逼我去愛它的。你說那是國民黨的宣傳嗎？可是，那也是我自然的興趣。小時候我愛看書，我的書架上永遠擺的是中國歷史的書籍、民間傳說、唐詩、宋詞，我從來沒有懷疑過我是中國人，用中國的語言，浸淫中國文化，流著中華民族勤奮刻苦、樂天知命的血。我會寫漂亮的書法、流暢的文章，我用我喜歡的傳統繁體字。可是，我生長在草根性很強的南台灣高雄，我說閩南語，每年都回去看我伯父種的稻子，我愛台灣的一草一木，那是我生長的地方，住著我熟悉的人民。兩年前，我有幾個月到上海工作，上海這個地方有許多許多我感覺親密的、可以跟他們溝通的人，認識多了，才會跟他們談李白和蘇軾的詩。我喜歡他們的直率。

你可以用槍開門，但是用槍開門，那門也破了。而文化是一把鑰匙，只要有鑰匙，沒有打不開的門，穿不透的牆。

1 陳黎《小丑畢費的戀歌》，一九九〇，圓神出版。
2 龍應台《請用文明來說服我》，二〇〇六，時報出版。

用歌聲穿透

二〇一二年八月三十一日，龍應台應邀至加拿大溫哥華英屬哥倫比亞大學，與當地華人與大學社區分享「華文、華流、華文化——對華文世界的美好想像」，一千兩百名聽眾分別來自台灣、香港、中國大陸、馬來西亞、新加坡等華人圈，卻能隨著歌曲全場共鳴。

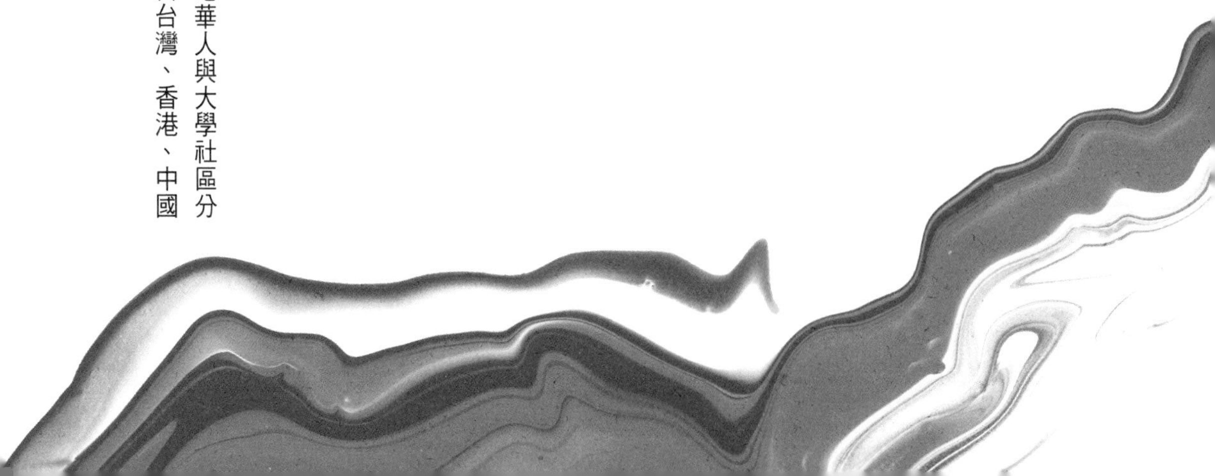

我也想像這樣的未來，華人的駐市作家能從北京到新加坡，從成都到台北，從台南到吉隆坡，整個華文世界都是作家、作曲家、畫家、思想家的自然國土，而中文就是他唯一的護照。

高牆後的故事

我們用「華文世界」這個詞究竟有沒有意義？我們明確地知道有「英文世界」這個概念，因為你在墨爾本也可能會關注ＢＢＣ所報導的倫敦的消息，在加拿大你可能也會讀到講英語的印度發生的事件。我們也有「德文世界」這個詞，譬如說，我在瑞士的蘇黎世街頭可以隨手買到柏林的報紙，在維也納的火車站可以買到法蘭克福的雜誌。

但是當我們用「華文世界」這個詞的時候顯然有一個問題，因為我們知道，幾個主要的華文地區相互之間資訊並不是暢通無阻的，甚至於在區域和區域之間有著非常厚的意識型態、文化、政治的高牆。

那麼，在隔離的區和區之間，在牆跟牆之間，有什麼東西是可以穿透的呢？

我在馬來西亞吉隆坡聽到一個口述歷史，印象深刻。一九四九年新中國成立後，馬來西亞有很多十七、八歲的年輕人，滿腔熱血想去投效祖國，很多人怕父母反對，索性離家出走到大陸去。這些馬來西亞的年輕人到大陸後，正好遇到五〇年代大陸全面開始三反、五反和後來的文化大革命，那些不到二十歲的年輕人一下子掉進了這個巨大的火坑。有些人九死一生輾轉到了香港，但發現自己已經回不去了，因為馬來亞半島已經分成馬來西亞跟新加坡兩個國家，而他們兩邊的公民身分都不具備，因此只能流落香港，逐漸老去。他們的經驗，很少人知道。

在香港的那段時間，讓我有機會接觸到更多南方世界的人事。散文家董橋是印尼華人。在印尼排華的六〇年代，他才十幾歲，高中畢業要去台灣求學，全家人幫他送行，港口惜別的畫面彷彿生離死別。我在成功大學讀書時，學校有很多僑生，當時我對僑生沒概念，也分不清他們從哪裡來。後來，我知道有些越南的僑生，他們因越南分裂無法回去家鄉，同時因為身分問題也無法留在台灣，只能花錢偷渡到香港，開始了迷茫的艱辛人生。

從我剛剛提到的幾個例子就可以知道，不管是印尼、馬來西亞、香港還是台灣，都發生了許多因政治戰亂流離失所的故事。但是那些故事都封鎖在高牆後面，儘管人們文字語言相通，卻沒有相知相惜。

路燈下等待的女孩

到底是什麼東西築起了這一堵堵的高牆？是意識型態，是以權力作為基礎的政治在築牆。而什麼東西可以穿透那一堵堵高牆呢？文化是可以穿透的。可是，文化到底是什麼？

講文化也許比較難明確地定義，我今晚想先跟大家談的是一種極具穿透力的文化——音樂與歌聲。我們一起聽幾首歌，先讓大家欣賞一首歐洲的曲子叫〈莉莉瑪蓮〉（Lili Marleen），這首歌其實是一次世界大戰時，一個德國士兵寫的詩。（播放歌曲）

在兵營雄偉的大門前，
那裡有一座路燈。
如果它依然矗立，
我們就在燈下再次相會。
就像從前啊，莉莉瑪蓮。

士兵在戰場上衝鋒陷陣，槍口對準敵人，可是心裡無時無刻想著的，卻是那個在路燈下等待的女孩。（位處德國Langeoog的一座紀念雕像）

衛兵對我說，
歸營號已吹響，
快說再見吧兄弟，
否則三天都走不了。
分別時你對我說再待一會吧。
想和你一起，我躊躇不前。

這首詩說的是，一個士兵跟情人見面，到了該回營的時間兩人依依不捨，因為士兵不知道明天在哪裡，很捨不得這個女孩。他們在兵營前的一座路燈下分手，並且約定，只要路燈還在，兩人就一定可以再見面。這首詩寫的是一次大戰時一個士兵的心情，二次大戰時有人為它譜了曲寫成一首歌。

二次大戰德軍占領南斯拉夫後，貝爾格萊德的德軍廣播電台播放了這首歌，大受歡迎。當時正在非洲打仗的德軍元帥沙漠之狐隆美爾也非常喜愛這首歌，所以這首〈莉莉瑪蓮〉就成了德軍熄燈前的晚安曲。沒想到與德軍對峙的英軍夜夜聆聽，也愛上了這首歌，而且還用德語唱，之後更成為英軍第八軍團的團歌。而英國某唱片公司大老闆聽說英軍在與德軍對抗時，居然唱德國歌，覺得不成體統，就弄了個英文版出來。之後，英文版開始在盟軍陣營裡流行，並出現各國版本。流行到美國後，還找了反納粹的德國女演員瑪琳・黛德麗（Marlene Dietrich）演唱英文版和德文版。諾曼第登陸時，盟軍就是唱著這首歌前進的。

當時，軸心國跟同盟國兩邊都在唱這首歌。士兵在戰場上衝鋒陷陣，槍口對準敵人，可是心裡無時無刻想著的，卻是那個在路燈下等待的女孩。〈莉莉瑪蓮〉靠著歌曲裡的感情穿透了烽火戰場，你說一首歌的穿透力有多大。

好花如何常開

華人世界裡，哪一首歌的高牆穿透力最強？我會選〈何日君再來〉，幾乎所有華人都會唱。這首歌可有趣了，作曲者是劉雪庵，在台灣長大的小孩會唱很多他的歌，例如〈紅豆詞〉、〈踏雪尋梅〉，還有〈飄零的落花〉。

劉雪庵在上海音樂學院讀書，是個青年才子，寫了很多歌。一九三七年打仗了，那時一個三星牌牙膏廠商投資了一部電影《三星伴月》，把這首〈何日君再來〉當作電影插曲。一九三九年戰爭期間，有部抗日電影叫《孤島天堂》，講的是當時已形同孤島的上海，電影導演沒經過劉雪庵同意就把這歌拿去改編歌詞，為了配合電影，於是有了「好花不常開」這樣的詞，講一個女孩愛上了一個男孩，而男孩卻必須去前線打仗，所以女孩便對他說：「好花不常開／好景不常在／愁堆解笑眉／淚灑相思帶／今宵離別後／何日君再來……」後來這首歌也流傳到了香港。（播放歌曲）

〈何日君再來〉跟剛剛那首〈莉莉瑪蓮〉真是異曲同工了；同樣的時代，同樣是戰爭，同樣用歌聲穿透了戰爭的高牆。可是，〈何日君再來〉的命運比〈莉莉瑪蓮〉令人遺憾得多。這首歌一九四六年被李香蘭唱紅了，但因為是李香蘭唱的，就被當權者懷疑「何日君再來」的「君」是哪個「君」？是不是盼望日本人回來？你是不是漢奸？這歌就被禁了。後來，鄧麗君在台灣唱這首歌，當時台灣的新聞局就問了，你這個「君」是在等誰？是不是共產黨啊？於是這歌又被禁了。

劉雪庵在一九五七年被打成右派，關進牛棚二十二年。一九六六年文化大革命爆發，〈何日君再來〉又被拿出來再批一次，說是反動歌曲、黃色歌曲、漢奸歌曲，是美麗頹廢的罌粟花，紅衛兵對劉雪庵施以毒打，妻子為了保護他被打成重傷死亡。後來劉雪庵被送進勞改營，一九七九年才摘下了右派的帽子。

上海音樂學院的老師這樣描述劉雪庵的晚年：「他已被打得失明，每天坐在一張特製的椅子上，椅子挖了個洞，下面放個馬桶，椅子中間架個扶手，用一根木棍橫擋著，以免他摔下來，扶手上掛著幾個饅頭，讓老人家餓了可以吃。」

這就是〈何日君再來〉作曲者的晚年。一九七九年文化大革命終於結束後，這首歌因為鄧麗君柔軟甜美的歌聲又飄進了大陸。然而很快地，這首歌被認為帶來精神汙染，又被禁了。可是不管被誰禁，不管禁多少次，〈何日君再來〉永遠是一首穿越高牆的歌。

被拋棄的孤獨

我下面要講的這首歌叫做〈亞細亞的孤兒〉，它不太容易唱，可是我想大家都知道這首歌。我們先看一下歌詞：（播放歌曲）

亞細亞的孤兒在風中哭泣
黃色的臉孔有紅色的汙泥
黑色的眼珠有白色的恐懼
西風在東方唱著悲傷的歌曲

亞細亞的孤兒在風中哭泣
沒有人要和你玩平等的遊戲

每個人都想要你心愛的玩具
親愛的孩子你為何哭泣
多少人在追尋那解不開的問題
多少人在深夜裡無奈的嘆息
多少人的眼淚在無言中抹去
親愛的母親這是什麼道理

一九九〇年台灣有一部電影《異域》，內容是滇緬邊界孤軍的故事。一九四九年國共內戰的過程裡，有一支國民黨李彌將軍的軍隊，經歷非常慘烈的戰役後，部隊被迫進入緬甸邊境的叢林，希望可以等待時機反攻大陸。當時美國支援大陸沿海的反共救國軍，因此這批在緬甸邊境叢林裡的孤軍可以得到一些美援。但後來緬甸的軍隊開始鎮壓他們，並且跑去向聯合國告狀，說美國支援這個軍隊等於侵入他們的國土。當時決定撤軍後，這支軍隊的人大部分都到了台灣，但還是有幾萬人留在當地。後來泰國要打擊泰共，就把這批孤軍請到泰北，幫他們打仗，於是就在泰北發展出金三角那塊區域。也因此，即使已經過了好幾代，在金三角那裡仍可以看到中華民國的國旗。

可以想見，當時這些孤軍的心境一定非常憤怒悲涼，他們一輩子為了一個信念去打仗，卻孤零零地被丟在叢林裡頭，身家性命無人保護，也沒有人理會你，而〈亞細亞的孤兒〉就被電影《異域》拿去當主題曲。不過，在一九九〇年這部電影出來之前，一九八九年六四前夕的天安門廣場上，北大的學生也唱著這首歌，你可以想像，當時他們是用什麼樣的心情唱著〈亞細亞的孤兒〉。這首歌在大陸當然是被禁的。

不過，羅大佑究竟是什麼時候寫下這首曲子？又是為了什麼而寫的？是為了中南半島的孤軍？還是為六四而寫？

〈亞細亞的孤兒〉是羅大佑在一九八三年發表的，收錄在他第二張專輯《未來的主人翁》。有趣的是，當年專輯的曲目上，〈亞細亞的孤兒〉旁邊還有個副標「紅色的夢魘——致中南半島難民」。怎麼又是為了難民？

這首歌穿越了高牆，六四前夕天安門廣場的學生覺得這首歌簡直是寫給他們的，而台灣這邊則一直以為這首歌是寫給中南半島的孤軍。問羅大佑本人，他說都不是。這首歌寫在一九八三年，是為台灣人寫的。為什麼會這麼寫？因為那時台灣人覺得自己是國際的孤兒。

一九七一年，中華民國被迫退出聯合國，接著一九七八年，美國正式跟中華民國斷絕邦交。一九八〇年代，整個台灣的情緒是覺得我們被國際社會拋棄了，不知該何去何從，迷茫飄搖。羅大佑就是在這種心情下，為台灣人寫了〈亞細亞的孤兒〉。

但既然是寫給台灣，為什麼又要加上副標「紅色的夢魘——致中南半島難民」？那是因為，歌名叫〈亞細亞的孤兒〉，製作人一看就覺得新聞局不會通過，又不敢叫羅大佑改歌名，所以助理就自作主張在後面加了幾個字，騙過了新聞局。羅大佑發現這首歌通過審查，自己也呆掉了。

故事還沒完。「亞細亞的孤兒」這歌名是從哪來的？不是羅大佑自創的。日據時代台灣有位作家叫吳濁流，他自覺是漢人卻必須活在日本人的統治下，就像孤兒一樣，所以寫了一本小說叫《亞細亞的孤兒》，被羅大佑拿來當作歌名。吳濁流那本小說是用日文寫的，一九四六年發表的是日文版，直到二十年後才有中文版本。吳濁流在小說中表達的是：台灣被割讓給日本，而後日本人走了，國民政府過來，台灣被丟來丟去，彷彿是沒人要的孤兒。這種心情穿越時空，一九八三年被羅大佑拿來借用於自己的創作，抒發當時台灣被國際拋棄的心情。然後這首歌又傳到北京天安門，讓那些學生傳達出被拋棄於天地的孤獨感。這樣的歌當然不斷被禁唱，而所謂的禁唱，就是在築牆。你也可以看到，儘管被禁唱，這首歌還是不斷流傳下去，到了今天人們還在唱。這就是文化的穿透力。

一九九一年華東發生大水災時，香港社會發起大規模的募款活動救濟華東的難民。募款晚會上，羅大佑唱的就是〈亞細亞的孤兒〉。

唯一的護照

二戰時，德國與波蘭、法國、英國等等都是交戰的敵國，我在歐洲看到了德國的教育方式。當德國人是小學生時，老師帶著他們去波蘭華沙，跟那邊的小學生交流，一同討論歷史。到了中學時，這一班的學生可能會到法國馬賽，跟那邊的中學生賽球，或一起去里斯本旅行。而當他們變成大學生時，可能會去英國愛丁堡上某個文化課程，也可能到倫敦跟那邊的大學生交流。我在想像，有沒有可能我們發展到一個階段：台中的小學生到上海跟上海的小學生做社會課的交流，台南的中學生到西安上歷史課，北京的中學生到香港友誼賽球、到台北上公民課，而上海的學生到吉隆坡做志工、到新加坡去開會。

在歐洲常常見到歐洲的駐市作家會從哥本哈根到羅馬到巴塞隆納，或從倫敦到布達佩斯到華沙。對於這些作家而言，整個歐洲大陸都是他的國土，沒有國界，每個城市都是他的城市，到哪裡都可以生根也可以交流。我也想像這樣的未來，華人的駐市作家能從北京到新加坡，從成都到台北，從台南到吉隆坡，整個華文世界都是作家、作曲家、畫家、思想家的自然國土，而中文就是他唯一的護照。歌的穿透，可以帶頭。

這個時代需要傾聽

二〇一五年七月十八日，在香港書展「名作家講座」上，龍應台分享「我有記憶，所以我在」。容納一千六百人的演講廳一下就坐滿，主辦單位另開放兩個演講廳以影音轉播。近三千人的聽講者有香港本地人，以及來自中國大陸、台灣、馬來西亞、新加坡等地的讀者。大陸讀者占四分之三，很多人特別從深圳過境聽講。演講中所說的「開啟時代的大傾聽，傾聽大海對岸的人」是針對兩岸三地的讀者而談。

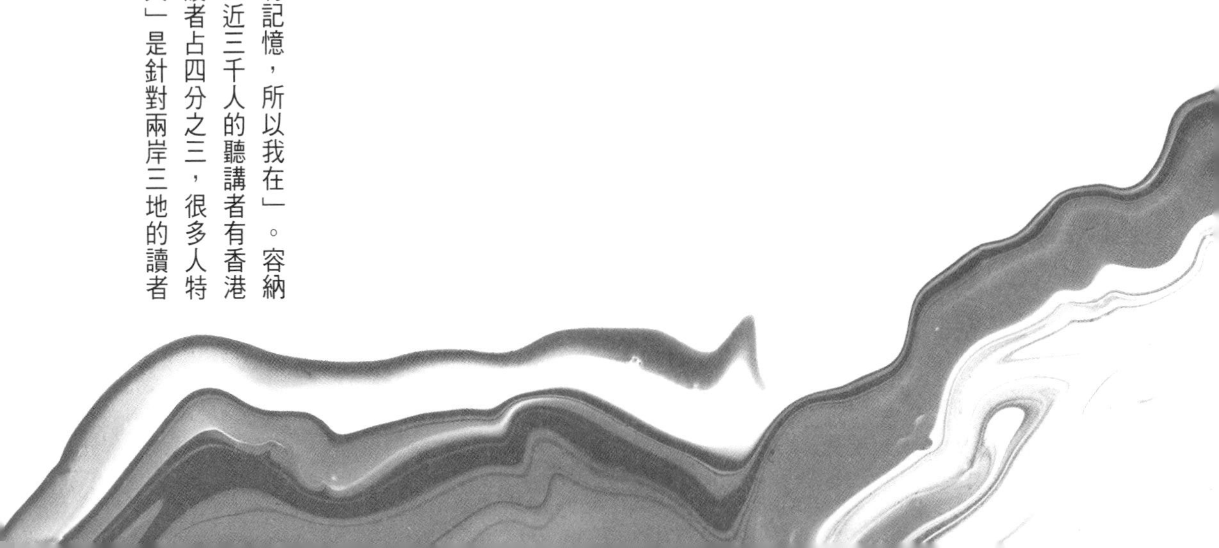

如果讓每一個個人都站出來說出自己的故事，得到傾聽，
我們很多原來得理不饒人的正義凜然，
會不會多了一點謙卑，柔軟一些？

二〇〇一年中國大陸的樣板戲《紅燈記》首度在台北演出，我帶了父母去觀賞。《紅燈記》的主題是共產黨游擊隊如何勇敢地愛國抗日。父親和母親分坐我的兩旁。那是有史以來第一次「紅色」宣傳作品「明目張膽」地在台北上演。

我以為曾經在南京保衛戰中從雨花台一路奮戰到挹江門一身是血差點犧牲的父親看戲會勃然大怒，當場飆罵「抗戰哪是你打的！」我以為母親可能會為戲裡的生離死別流淚，一九四九年的被迫離鄉是她一輩子難以言說的痛。

結果讓我萬分意外。八十歲的老父親拿著手帕整晚都在擦眼淚，簡直就是老淚縱橫，母親則鐵青著臉，僵直坐著，一句話不說。

事後追問才知道，對於父親，他只記得日本侵略者的可惡可恨和愛國的崇高神聖，沒真去想抗戰是誰的功勞苦勞。對於母親，也很簡單：「你共產黨殺了我哥哥，不要到我面前耀武揚威。」這是她的記憶痛點。

記憶，是一組埋藏得很深的基因密碼。帶著不同的基因密碼，我們可以想像，這兩個人，在民主制度的運作裡，他們的投票行為很可能大不相同。如果在台灣要舉辦憲法問題的公投或經濟方案與兩岸關係公投，或者歷史課本要怎麼寫，他們的抉擇可能都不一樣。

莫斯塔的李小龍

二〇〇五年十一月二十七日，香港人興高采烈地為「香港之子」李小龍的雕像揭幕。觀光客、影星和影迷擠在星光大道上慶祝。電視談話節目則順勢討論為什麼香港電影沒落了。這是重大娛樂新聞。

非常巧的是就在前一天，二〇〇五年十一月二十六日，另外一個李小龍雕像也揭幕了，在一個大家意想不到的地方——波士尼亞與赫塞哥維納聯邦國的莫斯塔城。

莫斯塔是個古城，居民主要分三個族群：穆斯林的波士尼亞人、東正教的塞爾維亞人，和天主教的克羅埃西亞人。一座一五六六年建的古橋是聯合國指定的文化遺產，串聯起族群之間的交流。在一九九二至九五年的波士尼亞戰爭中，鄰居反目，村民互砍，一個村的八千人被祕密槍決，種族大屠殺造成萬人塚。戰爭結束時，大概有二十萬人死亡，幾百萬人流離失所。莫斯塔的古橋被炸斷，但真正被炸斷的，是記憶。不是沒有了記憶，而是，從此以後，以往尋常日子裡在市場和學校點頭微笑、擦身而過的和平記憶中斷了，被恐怖的、血淋淋的仇恨記憶所取代。雖然停戰了，可是往後每天仍然要擦身而過的日子怎麼過下去？

莫斯塔的一群年輕人於是苦苦思索，究竟這三個心中充滿傷害記憶的族群，有沒有一個共同的甜美記憶？

他們找到的是李小龍。七〇年代，他的電影風靡整個南歐，不管是穆斯林還是東正教還是天主教，李小龍代表了一個大家嚮往的價值：對弱者的慈悲，對強權的反抗，對正義的勇敢捍衛。他們把李小龍的雕像放在莫斯塔中間的一個公園，公園分隔不同族群的人。也許李小龍可以喚醒人們心底最純潔、最美好的共同記憶，讓人們可以重新帶著微笑走進市場，走過學校，走進公園。

這個雕像，不到二十四小時就被搗毀。

戰敗，或是解放？

記憶，是情感的水庫。它可以把最惡劣的荒地灌溉成萬畝良田，也可以沖破道德的水壩毀山滅地，把良田變成萬人塚。在佛教裡，「功課」指的是必須靜思課誦的一種努力，我認為記憶是一門非常、非常困難的功課，需要深刻地思索，智慧地抉擇，需要我們竭盡努力地去面對，去處理。

二〇一五年是越戰結束四十週年。一九七五年四月三十日，北越的坦克車堂堂開進了西貢的總統府。一場戰爭造成幾百萬人死亡，幾百萬人流亡，四十年後，勝利者以盛大的閱兵和武器展示來慶祝這個日子，像一枚又重又大的官印威風凜凜地打印在記憶的出生證明紙上。對勝利者固然是一種自我肯定自我表揚，可是對那三百萬被迫永別鄉土，記憶中永遠是殺戮和強暴的人而言，這個割得很深的傷口，沒有療癒的機會。而那已經慘死的、終生流亡的，和那勝利閱兵的人，其實彼此是同胞。

對記憶這門功課也有人選擇了不同的解題方法。今年也是二戰結束七十週年。對歐美戰勝國這個日子容易，到戰士紀念碑前獻花致敬，帶小學生到古戰場巡禮。但是戰敗國呢？或者說，始作俑者的侵略國怎麼面對呢？對於德國，一九四五年五月八日究竟是「戰敗日」還是「解放日」？蘇聯的坦克車轟轟駛進柏林的那一刻，究竟柏林是淪陷了，還是解放了？

說是「戰敗淪陷」，你是否就把自己和希特勒等同陣線了？但是你也許根本就不認同納粹，很多人自己就是納粹的受害者。說是「勝利解放」，又怎麼解釋自己的眼睛所看到的——妻子女兒姊妹被勝利者拖出去強暴、平民被嬉笑的士兵射殺，百萬同胞的死亡、流離，整個城市的轟炸毀滅，以及其後的飢寒交迫和羞辱？

德國人在戰後有很長一段時間的「失語」，太難堪的記憶不忍、不敢拿到陽光下去看。但是「功課」逐步地做——一九七〇年總理布蘭特（Willy Brandt）在華沙的犧牲者紀念碑前下跪，一九八五年終戰四十週年時，魏茨澤克（Richard von Weizsäcker）以德國總統的身分公開說，一九四五年是德國的「解放」。

在二〇〇五年的普查中，百分之三十五的德國人認為一九四五年是德國「戰敗」，十年後的今天，只有百分之九有這樣的觀點，絕大多數人認為是「解放」。在做了七十年的功課後，對於這痛苦記憶的處理方式是，德國總理梅克爾（Angela Merkel）飛到莫斯科去俄國人的無名戰士墓前獻花。

一九七五年四月三十日，北越的坦克車堂堂開進了西貢的總統府。

金瓜石隱藏的傷

面對記憶，台灣也是左右為難的。對於日本相關的戰爭，台灣人主要由兩股記憶繩索組成，一股是在日本統治下被送到東南亞的叢林中協助日軍作戰的艱辛經驗，一股是在日軍侵略的砲火下家破人亡、出生入死的浩劫感受，這兩股激烈牴觸的繩索要緊緊纏在一起變成一根不會斷裂的粗繩，你說容易嗎？

我想起兩年前（二〇一三）的一次視察行程。我到礦區金瓜石去看文史遺跡和社區發展。金瓜石小山村裡最顯著的地標，就是「國際戰俘紀念碑」，一個圓錐形的碑，建在村內，紀念四千多名來自英國、澳洲、加拿大等國的戰俘。一面黑色的石牆，刻著四千多個名字。這裡已經成了金瓜石的觀光景點。

一路陪著我的兩位村民耆老，在解說礦坑的歷史時滔滔不絕，興致高昂，到了這裡卻突然有一種不尋常的安靜，一種欲言又止。我察覺了追問，老人家有點靦腆，問：「真的可以說嗎？」

我說當然。

他們試圖告訴我一九四二年金瓜石發生的事情。老人家的敘述絮絮叨叨，忽前忽後，但是，我一下子就明白了。

一路陪著我的兩位村民耆老，在解說礦坑的歷史時滔滔不絕，興致高昂，到了這裡卻突然有一種不尋常的安靜，一種欲言又止。

當這些盟軍戰俘被關在俘虜營裡時，金瓜石的村民是日本國民，俘虜營的監視員也往往用的是台灣兵。現在政府大張旗鼓地紀念這些盟軍士兵，把一個宏大的紀念碑放在村子中間——說穿了，它難道不是一個每天指著你的「提醒」？這或許是應該承受的，但是被日本軍國主義蹂躪了的，也不只是這些外國人。金瓜石有自己的悲傷記憶。一九四二年日人鎮壓礦區，逮捕士紳菁英百餘人，或監禁或酷刑，多人死亡，那麼「我們的」碑在哪裡呢？

有時候，辯論歷史曲折遠不如慈悲來得重要。我看見了老人心裡隱藏的創傷。文化部馬上聯繫了地方的文史團體，撥款請他們研究一九四二金瓜石事件，並且結合地方，由鄉民自發地去進行建碑的事。這個「岩誌」，在二〇一四年建立：「於一九三〇年代，日本統治的末期，由於爆發二戰，為恐台人乘機謀叛，日人發起『莫須有』之鎮壓，遂於一九四二年揑造『金瓜石事件』，分批逮捕金瓜石士紳、耆老、菁英百餘人或威脅或監禁，嚴刑酷訊……」

我們真的認識自己的同胞嗎？

我不知道「愛國」是什麼意思，因為「國」是抽象的，不抽象、可以愛的，只有一個一個具體的個人；而這些個人，就生活在我們身邊，我們一起上學、一起求職、一起投票、一起長大，看電影時在同一個點笑出聲，在同一片泥土上生、老、病而後多半死於斯土。我們為醫療保險制度和所得稅率辯論，我們為學校的教學制度和媒體的尺度問題爭吵，我們為行政和立法權的分際、為司法的公正與否斤斤計較，我們為哪個政黨該執政機關算盡、搏鬥到底，但是我們知道我們都在同一條船上。「在同一條船上」意味著波濤洶湧上只會有同一個命運——當這條船觸礁時，哪一個人可以倖免？在同一條船上命運同體，這叫「同胞」。

可是，我們其實對自己的同胞很不認識，因為我們有太多的自以為是，太多的理所當然，我們很少真正地傾聽。那些既存的敘述界定了我們的想像區，使得我們習慣地而且往往極為固執地認為我們知道——其實我們不知道。很多人的記憶，因為不堪回首，因為難以啟齒，因為一言難盡，鎖進了封死的抽屜，所謂國史，通常就是有權力的人、敢大聲的人的敘述。

如果我們讓每一個同胞都打開記憶呢？如果我們讓每一個個人都站出來說出自己的故事呢？國史，會不會很不一樣？我們很多原來得理不饒人的正義凜然，會不會多了一點謙卑，柔軟一些？

二〇一三年文化部推出「國民記憶庫：台灣故事島」，上山下海地毯式地蒐錄庶民口述記憶，是一個「記憶解放運動」，鼓勵所有的子女牽著父母、祖父母的手，去錄下一段自己的生命記憶。很多中年子女，坐在錄影機旁聆聽時目瞪口呆——相處一生，第一次聽見從來不曾聽過的事情。

如果談戰爭，浙江來的任世璜會告訴你他初二時怎麼被老師騙上大船玩，上了船，船竟然開往台灣，他的一輩子就變成了兵。原住民胡秀蘭最記得的是小學同學被盟軍飛機炸死，死時高喊「日本萬歲」。宋建和會用客家話細細描述身為日軍的野戰倉庫管理員，他所目睹的「投降的那一天」台灣人的心情。黃廣海用濃厚的廣東國語為你不慍不火地說，他如何在坐了二十多年的政治監獄之後立志環遊世界。[1]

欠一個傾聽

二十世紀是一個倉皇的世紀，戰爭、貧窮、流離失所是那個世紀最深刻的胎記。我們在戰爭中消滅同胞凌虐同胞，在貧窮中推擠同胞踐踏同胞，在流離失所中踩掉了別人的鞋子也來不及舔自己的傷口——我們自己還痛著，哪裡有心情去多看身邊的人一眼。

但是現在是二十一世紀了，離戰爭結束也七十年了，新一代人在前人血汗交織所種下的樹蔭中長大，現在是溫柔傾聽的時刻了。我們所欠的生命，賠不了。我們所欠的青春，回不來。可是，一個人的記憶就是他的尊嚴，我們欠他一個真誠的傾聽吧？

二十一世紀的華人世界，可不可能開啟一個大傾聽的時代？傾聽自己身邊的人，傾聽大海對岸的人，傾聽我們不喜歡、不贊成的人，傾聽前面一個時代殘酷湮滅的記憶。傾聽，是建立新的文明價值的第一個起點。

1 文化部「國民記憶庫：台灣故事島」網頁：storytaiwan.tw

一隻木頭書包

二〇一六年一月六日，時隔六年再次造訪北京，原訂於首都圖書館發表演說，與讀者探討關於集體與個人的記憶，卻在前一天被通知取消，於是臨時改於金融博物館書院舉行，會場滿座年輕學子，亦有多位知名企業家及學者到場聆聽。當天演講由任志強先生開場。任先生於二〇二〇年被判刑十八年。

這一代人不讓上一代人消失於黑洞裡，
那麼下一代人才不會把這一代人也視為塵土。

母親的木頭盒子

我有一個木頭盒子。我想跟大家說一個木頭盒子的故事。

我的母親有兩個哥哥，在一九五九年新安江建水壩把她的家鄉古城淳安淹沒了以後，大哥一家被遷到江西、安徽邊界的衢州，二哥一家人被遷到江西婺源。一九七五年我離開台灣到美國讀書，第一件事就是把爸媽失去了三十年的兒子找了回來——在那之前，我們不知道他是否還活著。九〇年代去了衢州，看見表哥在荒地裡耕作，他的母親，也就是我母親口中常說到的大嫂，形容枯槁，蓬頭垢面，坐在一個透不進一絲光的廚灶旁邊。

木頭盒子

二〇〇七年，我跟我台灣的兄弟們說，「多年來，我們只照顧了湖南的大哥，但是對於媽媽所牽掛的人——她的兄弟的後代，卻很少關照，我們是不是太父系中心了？」

哥哥和我在那一年就到了江西婺源。

淳安應家的整個家族都成了農民了。我們坐在屋前的長條板凳上說話，翹尾巴的雞咕咕咕咕到處走，一地的雞糞和羽毛。一大堆人談了好一陣子，把誰是誰搞清楚就已經很費了點時間。表哥突然站起來走進內屋。出來時，手裡拿著一個陳舊的木頭盒子。木頭原來可能是有顏色的，已經剝落得認不出來，小小的鎖，因為歲月長久，扣不起來。

表哥有典型的農民的木訥，說，「姑媽小時候的。」

是我的母親小時候的「書包」！

「怎麼會在你這裡？」我萬分驚訝。

「外婆帶在身上的。」

外婆？外婆就是我母親的母親，她——我對她一無所知。

表哥指著屋旁的竹林，說，「外婆的墳就在那裡面，要不要去看看？」

我差一點跳起來。母親朝思暮想的外婆在這裡過世的？她曾經住在這屋裡？她就葬在這林子裡？這麼「大」的事情，你怎麼不早說，竟然還問我，「要不要去看？」

我替母親跪在泥地裡給外婆磕頭，上了香，回到屋裡，我抱著母親的木頭「書包」，

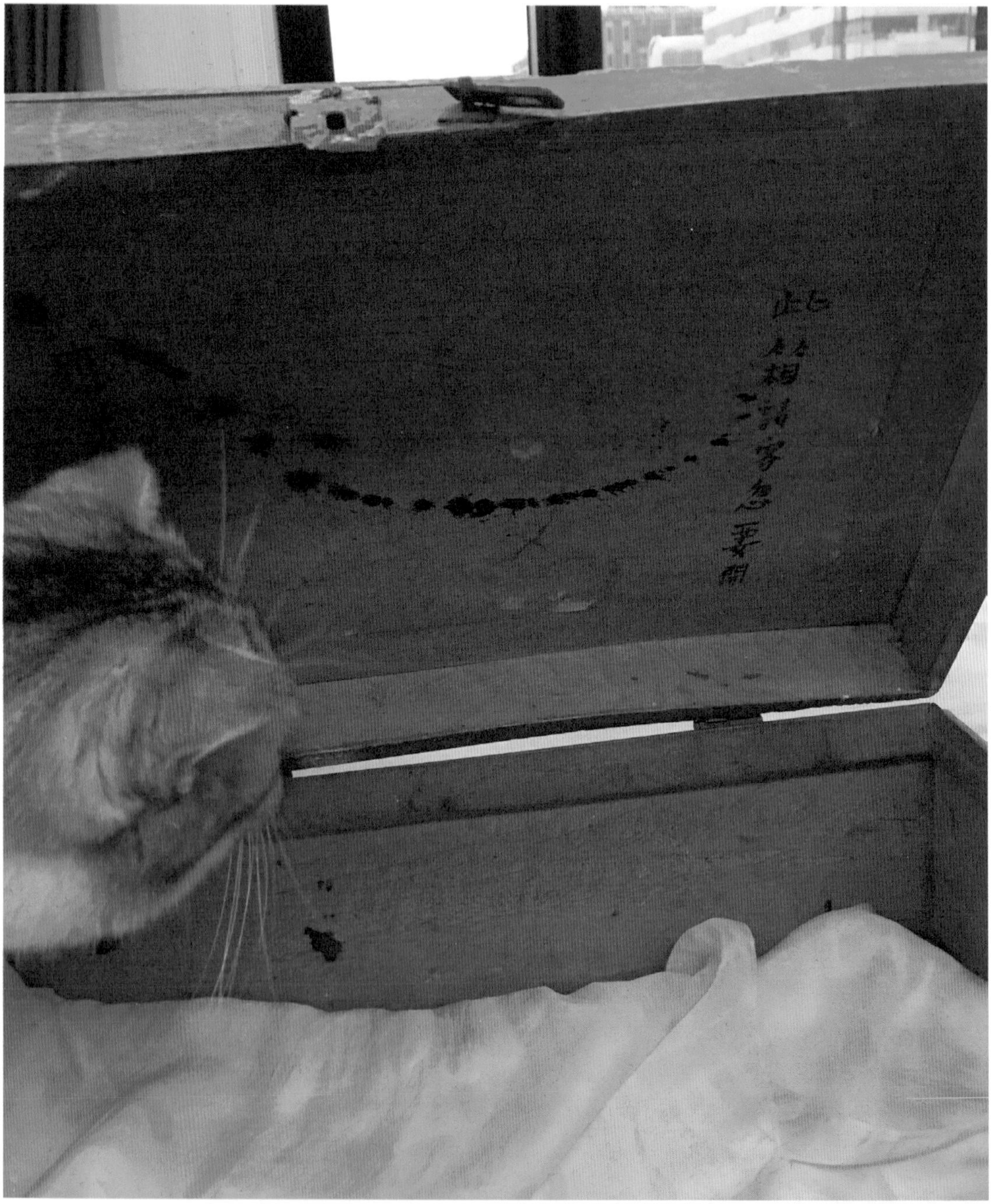

此箱請客忽要開，應美君自由開啓

想看個仔細。外婆是淳安老街上綢布店的地主妻子，在離鄉背井的歲月裡，萬里的顛沛流離，沒有一片土屬於自己，生命裡什麼都保不住了，卻緊緊抓住女兒的一隻木頭「書包」，到死才鬆手。母親在一九四八年離開家鄉時才二十四歲，母女二人此生不曾再見。

我打開盒子，看見蓋底竟然仍有墨色清晰的藍色鋼筆字：

此箱請客忽要開
應美君自由開啟

性格明朗、十歲的美君，「勿」字還寫錯成「忽」，霸氣地告訴全世界不准動她的箱子。

我不知道外婆的名字，不知道她在哪裡生、哪裡死，不知道她走過哪些地方，不知道她來自什麼樣的家庭；她的一生，我連輪廓都不知道。但她是我最親密的母親最親密的人。我的記憶是徹底斷裂的。

集體記憶的網

「集體記憶」這個概念不是新的，但是把它當作社會學建立完整理論的學者是法國的莫里斯・哈布瓦赫（Maurice Halbwachs）。他在他的經典著作《論集體記憶》（*On Collective Memory*）的序文裡一開頭就舉了一個例子。

一七三一年，人們在法國一片森林裡發現一個九、十歲大的女孩子。她是一個健康的孩子，但是完全沒法說出自己的身世或童年任何記憶，人們只能從她零碎的陳述片段裡去拼湊她可能來自因紐特部落；當她看見因紐特人的屋子及船或海豹的圖片時，好像有較多的反應。她顯然曾經漂洋過海被送到法國來。[1]

哈布瓦赫的論點是，女孩無法表達記憶，不是語言的問題，而是因為她突然被連根拔起丟進一個完全陌生的環境，使得她與原來所屬社會的集體記憶的紐帶被切斷了。

哈布瓦赫認為，一個人的記憶，必須有集體記憶大框架的承載才可能被「召喚」出來。你仔細觀察的話，會發現，我們記起了什麼，往往是因為我們身旁的人，父親母親兄弟姊妹或同學朋友，問我們什麼我們才會回答什麼，而回答要先經過記憶搜尋，因此是與社團的互動維持了我們的個人記憶。人愈是深處於集體記憶的結構中，他記憶的能力就愈強。倒過來說，愈是離群索居或是與集體記憶割裂，個人記憶的能力就愈低。

集體記憶是一張編織綿密的大網，個人的記憶密實地編進了它的紋理，與集體記憶是一個不可分割的有機體。

被遺忘的三千亡靈

我為什麼對於外婆，一個在正常狀態中應該非常親密的人，一無所知呢？因為發生了戰爭，而戰爭帶來斷裂。外婆，以及外婆所附著的集體記憶——中國南方二十世紀上半葉的生活整體，對於我是失去了，如同一七三一年那個小女孩失去了她因紐特的過去。而我的母親，美君，介於兩個世界中間，她被連根拔起，非但自己成長的記憶薄弱了，同時也無法對新世界的我傳達她已無可奈何、無所附著的集體記憶。

就記憶而言，失去很容易，得回來，通常需要非常大的努力。

二〇一一年七月，我做了一次中國的火車旅行。為了實地去看百年前詹天佑川漢鐵路的規劃路線，我從武漢到宜昌，從宜昌搭宜萬鐵路一路西南行。

火車經過宜昌時，人們不經意地說，去年在這裡發現了不少國軍的骸骨。

我追問，答案就是搖搖頭，「抱歉，不太清楚了。」

我只好自己去找出二〇一〇年骸骨被發現時的報導：

發現烈士遺骸的地方為宜昌市夷陵區黃花鄉南邊村，目前正在修建的宜巴高速公路就從該村村後經過。《長江商報》報導，烈士的遺骸就是高速公路在修建中被發現的。事實上早在今年四月，高速公路的施工方在作業過程中就發現了大量白骨，但未引起注意。「不少遺骨已隨著土方被運走而被帶到了其他地方。」南邊村一位村民說。

當地一位八旬老人透露，當地埋葬的犧牲烈士有三千名之多……

……八十七歲的易仁信老人，生活在南邊村三組，他是目前村裡年紀最大的老人之一。他說，當時的戰爭打得很慘，每天都有大量傷患不斷送往這裡的野戰醫院。早年間，遺骸發現地南邊村，就是一個巨大的烈士陵園。易仁英老人今年八十歲，她是南邊村一組村民。她還記得，剛到這個村子時，後面的山上還有一個幾米高的烈士紀念碑。而在烈士碑後，還有三間紀念堂，「我來到這個村子時，紀念堂裡什麼都沒有了。」三年自然災害期間，當地開始大量開荒種地，這些紀念碑和紀念堂都被毀壞了。

對於這些烈士到底是誰？他們是屬於哪個部隊？宜昌抗戰烈士研究專家簡興安介紹，《宜昌抗日烽火》一書記載，一九四〇年六月宜昌淪陷，日軍向西北方向進犯，當時國民黨七十五軍預備第四師於一九四一年春擔負宜昌小溪塔地區的防守，四年多時間裡經歷多次慘烈戰役，陣亡無數將士。[2]

你每天看見屍體，村子邊還有一個埋了三千人的墳場——儘管過了三十年、五十年，你會忘記這樣的事嗎？（二〇一〇年在湖北宜昌市黃花鄉發現許多遺骨）

請問，如果有一場長達四年的慘烈戰爭就發生在你的村子裡，你每天看見屍體，村子邊還有一個埋了三千人的墳場——儘管過了三十年、五十年，你會忘記這樣的事嗎？這個村子裡的人，會忘記嗎？

同樣的問題，早期我曾經問過千島湖的親戚，因為我發現，當年到千島湖觀光的中國人竟然很多都不知道湖底有兩個古城。一九五九年建水壩，至今也不過幾十年，卻可以淹沒掉一千五百年的歷史記憶？怎麼可能？所以後來有人告訴我，現在千島湖的導遊會說到千島湖下面有古城，龍應台媽媽的家就在裡面，我還偷偷高興了一陣子。

湖北宜昌市夷陵區黃花鄉南邊村的居民，戰爭過後的七十年裡，和街坊同一群人生活在同一片土地上，不可能忘記那些慘烈的情景以及村子邊三千個亡靈，但是戰爭，尤其是內戰，後遺症就是帶來種種的禁忌。政治正確的，可以紀念，政治不正確的，必須遺忘。那些「必須遺忘的」，第一、二代人或許還深藏在心裡，但是不可言說、不可傳世，到第三代以後，就是真的失去了，可能永遠失去了。

記憶被按「暫停」七十年之後，露出幾根白骨，這時的人們對記憶有了新的態度。在二〇一〇年宜昌高速公路的規劃裡，箭在弦上的是要打樁，一根樁子預備插進的位置，正好是合葬坑的上面，當時的地方政府就決定，調整橋基位置，避開大墓。也就是說，一條高速公路為一個集體記憶而轉彎了。

二〇一五年，宜昌發現骨骸的位置，會建立一個紀念墓地，而三千骨骸，多半是當年年華正茂的浙江子弟，已經移靈回到浙江的鄉土。

這時候，村子裡的老人們就開啟了關閉已久的記憶盒子。

「我曾經在當地找到過一戶人家，他們家裡就住著一個擔架排，他告訴我，宜昌保衛戰的時候，每天都要抬回來五十多個重傷傷員，最後能救回來的只有五分之一，那些犧牲的將士，按照當時的規矩，就是就地掩埋，」簡興安說，「棗宜會戰裡，光一個宜昌保衛戰下來，就掩埋了一千多名將士。」[3]

簡興安說，一開始，每個陣亡將士的遺體還是用白布包好，並埋上一個小石頭，刻上數位標記。到後來，白布也來不及包了，就直接下葬。再後來，就是人疊人，上面蓋一層黃土。

湖北宜昌的「記憶搶救」，是一段佳話。如果真誠又認真的話，後續還有好多事情要做，對於那段歷史的深入爬梳，對於家屬的口述記錄，圖片和文物的尋覓等等，都是把斷裂的記憶重新接回來可以做的努力。

這一代人不讓上一代人消失於黑洞裡，那麼下一代人才不會把這一代人也視為塵土。

掩埋在森林裡的

二十世紀兩次世界大戰，令人髮指的屠殺不可計數，有些暴行的記憶，在戰後得到用力的保存和傳承，譬如猶太人的悲劇；有些，卻還不見天日。我自己一直在關注的，是與宜昌棗宜會戰同時的一九四〇年發生的「卡廷事件」。

一九四三年德軍在波蘭的卡廷森林發現千人骸骨，斷定是蘇聯軍所為，但是蘇聯反指控是德軍所為。一直到一九九〇年，蘇聯解體之後，莫斯科才公開承認，蘇聯祕密警察是卡廷慘案的劊子手。

卡廷森林和周邊幾個戰俘營裡，究竟殺了多少人？轉型後的俄羅斯在一九九〇年組成了調查委員會，公布的結論是：總共約兩萬兩千人。單單在卡廷森林處理掉的就有：三個將軍，二十四個上校，七十九個中校，兩百五十八個少校，六百五十四個上尉，十七個海軍上尉，三千四百二十個低階軍官，七個牧師，三個地主，一個王子，四十三個政府文官，八十五個二等兵，一百三十一個難民，二十個大學教授，三百個醫生，數百個律師、工程師、教師、作家、記者，以及兩百個飛行員。全部用行刑的手法，腦後一槍斃命，屍體用卡車運到掩埋處[4]。基本上，是用標準公務作業有計畫地消滅掉整個波蘭國家的治理菁英。

兩萬多人消失了，一整層國家的骨幹人間蒸發了，你說，這怎麼可能被忘記呢？就是可能。因為在某種目的主導之下，某些記憶，無論如何重大，都會被那個當時被當作更為急迫、更為重大的目的所遮蓋。

後來的調查證明，其實在二戰中邱吉爾和羅斯福就知道真正的兇手是蘇軍，不是德軍，可是在戰爭裡，蘇軍是友軍，德軍是敵人，這個真相怎麼能說出口呢？一九四四年，傳言實在太多，羅斯福總統指派厄爾上尉去實地調查，上尉回報調查結果，明確指稱蘇軍是犯罪者，羅斯福為了「大局」把報告按下，而且不允許上尉對外洩露。到了一九八八年，美國才第一次公開解密政府的調查資料。

波蘭自己的政府，在戰後成為蘇聯的附庸，對卡廷的任何傳言，全力封鎖，與蘇聯政府合力維持「納粹是卡廷屠殺元兇」的說法。

戈巴契夫一九八七年的開放政策，為卡廷歷史帶來一道光。波蘭知識界公開要求蘇聯開放檔案，莫斯科街頭開始出現群眾遊行，要求卡廷真相。一九九〇年十月三日，戈巴契夫親手交給當時的波蘭總統一疊檔案，那疊檔案就昭告了天下，一九四〇年的屠殺者，不是納粹，是蘇聯。但是關鍵檔，就是史達林親手簽字的格殺令，不在那疊檔案裡面。

必須等到一九九二年的十月，那時葉爾欽和戈巴契夫正在進行激烈的權力鬥爭，葉爾欽突然拿出了關鍵檔——史達林親簽的格殺令，他說，是從戈巴契夫的私人檔案裡翻出來的。

就在戈巴契夫引進一道微弱的光但還照不到黑洞深處的時候，有人一直在努力。波蘭裔的學者 Waclaw Godziemba-Maliszewski，在美國的檔案館裡發現德國空軍在二戰期間用偵查照相機拍下的卡廷照片。系列照片顯現出卡廷地貌的改變，更拍到蘇聯祕密警察用推土機推平墳堆、遷走骨骸的作業。

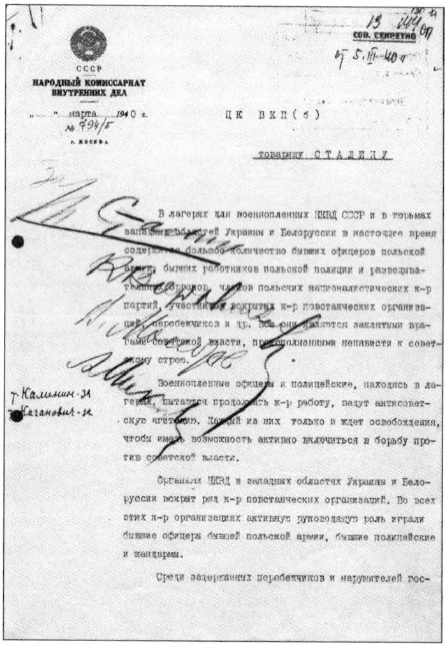
13 144/оп
СОВ. СЕКРЕТНО
от 5.III-40 г.

СССР
НАРОДНЫЙ КОМИССАРИАТ
ВНУТРЕННИХ ДЕЛ
„ " марта 1940 г.
№ 794/Б
г. МОСКВА

ЦК ВКП(б)

товарищу СТАЛИНУ

В лагерях для военнопленных НКВД СССР и в тюрьмах западных областей Украины и Белоруссии в настоящее время содержится большое количество бывших офицеров польской армии, бывших работников польской полиции и разведывательных органов, членов польских националистических к-р партий, участников вскрытых к-р повстанческих организаций, перебежчиков и др. Все они являются заклятыми врагами советской власти, преисполненными ненависти к советскому строю.

Военнопленные офицеры и полицейские, находясь в лагерях, пытаются продолжать к-р работу, ведут антисоветскую агитацию. Каждый из них только и ждет освобождения, чтобы иметь возможность активно включиться в борьбу против советской власти.

Органами НКВД в западных областях Украины и Белоруссии вскрыт ряд к-р повстанческих организаций. Во всех этих к-р организациях активную руководящую роль играли бывшие офицеры бывшей польской армии, бывшие полицейские и жандармы.

Среди задержанных перебежчиков и нарушителей гос-

т. Калинин - за
т. Каганович - за

一九四〇年三月五日，史達林親簽的格殺令。

一九九二年葉爾欽到卡廷去獻花、下跪，但是到今天，卡廷斷裂七十年的記憶還是破碎的。俄羅斯始終拒絕承認自己犯下的罪叫做War Crime（戰爭罪），而且拒絕提供完整檔案。

二〇一二年，十二個卡廷被害人的十五個親屬正式在歐洲法庭提告，二〇一三年十月歐洲法庭的最後判決是：是的，俄羅斯犯的罪叫做War Crime，應該譴責，但是因為時間久遠，而且俄羅斯是一九九八年才簽署歐洲人權協定，歐洲法庭沒有能力開展處理此案。俄羅斯唯一的懲罰是：支付原告五千歐元的訴訟費用。

兩萬多人的屠殺。五千元的訴訟費。

曾經得過坎城金棕櫚獎並獲得奧斯卡最佳外語片四度提名的波蘭導演安德烈·華依達（Andrzej Wajda）在八十歲那年拍了《卡廷慘案》（*Katyn*，台譯《愛在波蘭戰火時》）這部電影。二〇〇七年上映時，問他為什麼到了八十歲還來處理這樣巨大沉重的題材，他說：「因為我害怕集體的遺忘。」

記憶可以相信嗎？

你的記憶，決定了你的相信或不相信，決定了你忠誠於誰、反叛於誰，決定了你的愛和恨。在台灣成長，從威權走到民主開放，從什麼都相信到什麼都不相信，到自己去決定忠誠和反叛的標準，我以為我什麼都見過了，什麼都了然於心了。我記憶中該修復的，該重建的，該拋棄的，該緊緊擁抱的，我都知道了。

一直到我認識了趙先生。

趙先生一九三四年在山西平遙出生，十二歲不知所以地加入了國軍，「打共軍」——我們現在常常譴責非洲很多國家用兒童兵，忘記了一九四九年以前的中國，兒童兵普遍得很。

趙先生不知所以地打仗，十四歲被俘虜了，就編入解放軍，回頭打國軍。十七歲發現自己被送到了朝鮮戰場，打美軍。又被俘虜了，在一九五四年成為「反共義士」，到了台灣。

「反共義士」我是有記憶的，大概和我的好朋友嚴長壽差不多，所以我用他的記憶來說。他當時六歲，被大人扛在肩頭，歡欣鼓舞地站在台北街頭，歡迎投奔的「反共義士」。「那真是萬人空巷啊！」他說，連六歲的小孩都記得那分普天同慶的興奮。

在我的記憶中，「反共義士」手臂、身體上都有藍色的刺青。岳飛的母親在兒子背上刺「精忠報國」，「反共義士」在身上刺「青天白日」、「反共抗俄」，都是那個年代嚮往自由、表達赤忱的方法吧，我想。

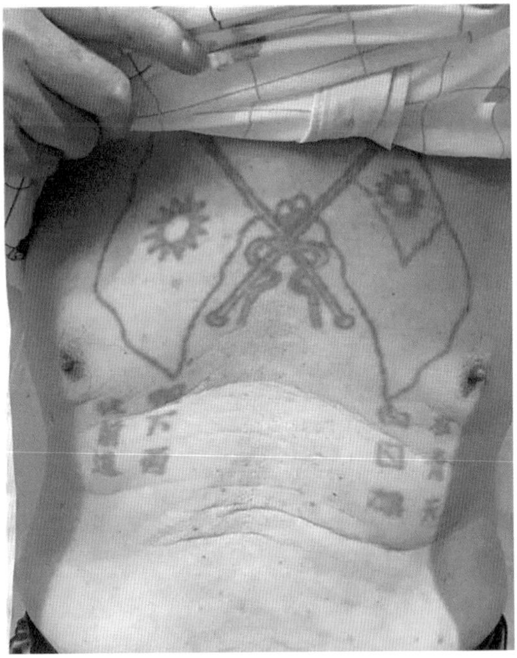

在我的記憶中，「反共義士」手臂、身體上都有藍色的刺青。我以為他們全是自願的。

但是，眼前這位八十二歲的趙先生告訴我的是，在俘虜營中他如何目睹兩個想回老家不願刺字的年輕戰士活活被打死，而他自己手腕上已經刺青的一面國旗，當他懇求說「想回家」的時候，手臂上那面「肉國旗」就被生生地用刀片割下來。

我還能相信我的記憶嗎？

何應欽在不在

我有個好朋友叫王小棣，是個知名的導演。有一次，她為台灣的電視台拍一個跟軍人主題有關的紀錄片。她想要訪問何應欽將軍，就交代助理去設法聯繫。

交代完，正要出門，走到門口聽見那位年輕女助理在電話上說，「喂，我是電視製作助理，我們的節目想找何應欽……」

王導演嚇一跳，停下腳步看著助理。

然後，那助理彷彿有點聽不清電話內容，皺著眉頭說，「嗄？死了啊？」

王小棣差點腿軟，趕快走向助理，聽見助理繼續說，「啊？沒死？那何應欽在不在啊？」

何應欽是中華民國第三任行政院長，第二、四任國防部長，抗日戰爭中指揮過慘烈的湘西會戰、桂柳反攻戰，是日本投降後中國戰區受降最高指揮官，代表中國受降。

這個年輕的助理，記憶中沒有何應欽這個人，就沒有這個人所代表的歷史和那歷史中的集體記憶——烽火、死亡、流離、屈辱、飢餓、屠殺和突圍、堅忍和懦弱。她的記憶——記得的和遺忘的，是經過什麼樣的過程呢？

捷克著名作家伊凡・克里瑪（Ivan Klima）在二〇〇九年一次訪問中，記者請他談一九八九年的風起雲湧，他說，「對於今天的年輕人而言，一九八九年是遠古史了。我到布拉格的學校去演講時，常常要先說明共產主義是什麼東西。他們什麼都不知道了。」[5]

前兩天剛好收到一個捷克朋友的電郵，他說，「這三年來捷克變了很多，多半是變壞。很多我們已視為理所當然的權利，竟然逐漸收緊，但是這也很好，它激起你全身活力，你知道你得抵抗，無論如何都得抵抗。」

寫電郵的是一個五十多歲的人，克里瑪是個八十多歲的人，他們跟克里瑪所說的「什麼都不知道了」的二十多歲的人，怎麼解釋記憶，怎麼傳達傳承？

在歐洲，歷史，像踢足球、參加合唱團、組織烹飪課一樣，是一個全民活動。街坊和村落都有民間自己組織的「歷史學會」，對自己生活圈裡的事情做歷史調查和保存。譬如倫敦的墓園很多，幾乎每一個墓園都有歷史社團在做研究，社團裡不是專家，而是街坊鄰居、高中生、小學老師等等。在某些國家裡，所謂國史，是從家史，從街史，從村史，從鄉史出發的。如果只允許從上而下的國史，如果我們所有的記憶都由單一的宏大敘述去壟斷，我可能就會套用馬克．吐溫的話來說了。

馬克．吐溫曾經批評議員說，一半的議員都是混蛋，議員們激憤不已群起攻擊；馬克．吐溫就認錯了，說，我錯了，一半的議員不是混蛋。歷史，也是這樣。我會說，一半的歷史是假的；或者倒過來說，一半的歷史不是假的。不管怎麼說，如果只有宏大諸如政治史、軍事史，而沒有民間自主發動的家史、街史、村史、鄉史，歷史再怎麼寫，都很難不是假的。

有些遺忘，是因為總有人設局，在那個「局」裡頭強化你的歡樂，擴大你的無知，讓你慢慢長大，讓你遺忘。有些遺忘，是你自己因為缺乏自覺而接受遺忘。問題是，不管是哪一種，總有代價要付。記憶斷裂了，一切又從頭來過。

因為失去記憶而重來一遍的，往往是災難。

1 因紐特（Inuit）：居住在北極圈周圍的原住民，分布於加拿大北部、美國阿拉斯加和格陵蘭等地，以捕魚和狩獵海豹為生。

2 〈與日軍血戰宜昌 大量骸骨修路時發現 湖北擬樹碑紀念三千抗戰國軍〉，《星島日報》，二〇一〇年九月三日。

3 〈棗宜會戰三千浙籍將士明天回家 為護英靈當地曾改建高速〉，浙江線上，二〇一五年八月十九日。

4 Lebedeva, *The Tragedy of Katyn*, pp. 102-103. 36u7。

5 伊凡・克里瑪（Ivan Klima）：一九三一年出生於捷克猶太家庭，十歲時隨父母關進集中營，直到二戰結束。一九六八年蘇聯進軍捷克，克里瑪赴美講學，返國後以自由寫作為生，二十年間作品遭禁，只能以地下文學形式流傳。

一首歌，一個時代

二〇一六年十月七日龍應台在香港大學大禮堂演講。千人的場地爆滿，師生同席，來自香港、台灣、星馬、中國大陸，彷彿一個華人文化世界的大剪影。華語歌曲在大廳中流蕩，共同記憶跨越了國界。

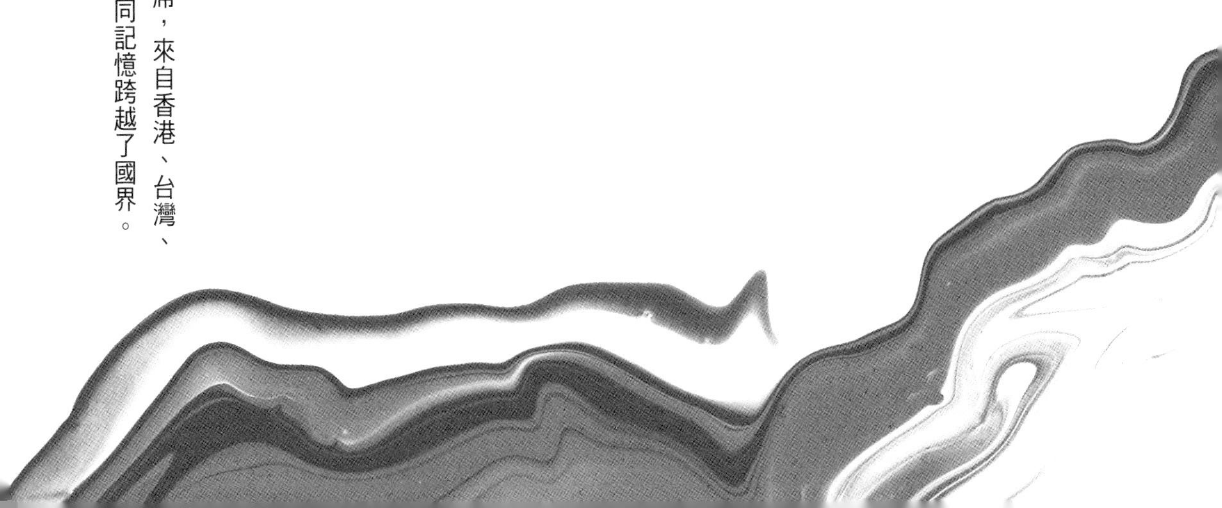

歌如歷史，自己有腳。你希望它流行，它不見得流行。你認為它只有一種意義，它鑽入地底，出現時是一種全新的宣示。你希望它湮滅、消失，它卻四處流轉，如星火燎原。

當創作者在寫一首歌的時候，他並不知道那首歌是否會變成「流行歌曲」，而且還長期地流行，成為「經典」。一旦「流行」，代表那首歌裡有什麼東西打動了當時社會裡很多人的心。如果長期地流行，代表那首歌裡有什麼東西跨越時空，觸動了不同時代的人心。所以一首流行的歌，尤其是長期流行的歌，透露出非常豐富的那個時代的鎖碼訊息。

人生第一支歌

我是住日本房子長大的。榻榻米地板是讓你盤腿而坐的，但是剛剛倉皇渡海而來的中國人怎麼會盤腿坐呢？榻榻米上就會有一張藤椅，七歲的我看那張藤椅，怎麼看就是一張破爛的藤椅——體重下沉的地方藤條斷裂，破了一個洞，但是父親坐在那裡，非常怡然自得。

他穿著白色的短袖棉布汗衫。七歲的我所看見的汗衫，怎麼看都像一條破抹布，就是因為不斷地搓洗而薄到幾乎要破的薄衫，腋下還有一點肥皂怎麼洗也洗不掉的汗跡。七歲，一九五九年，是他因為戰爭而離鄉背井到一個海島上重新求存的第十年。十年中，藤椅斷了破了，汗衫稀了薄了，原以為馬上就會回家的希望逐漸變成絕對回不了家的一種心酸的覺悟。他坐在那個鋪著榻榻米的房間裡，背對著光，光從他後面一格一格的木頭窗子照進來，把他的輪廓變成一個黑色的剪影。

窗台上有一個留聲機，黑膠唱片在轉，他在打拍子，跟著唱。他大概已經唱了十年，而我一定已經聽了七年，所以知道他在唱什麼——就是有不少動物，鳥啊、龍啊、老虎啊：

楊延輝坐宮院自思自嘆；想起了當年事，好不慘然；我好比籠中鳥，有翅難展；我好比虎離山，受了孤單；我好比南來雁，失群飛散；我好比淺水龍，困在沙灘；想當年沙灘會一場血戰……

然後中間有好大一段不知道在唱什麼，但是我知道咚咚鏘鏘過一會兒要唱到「娘親！千拜萬拜折不過兒的罪來」，父親就會從口袋裡掏出那疊成整齊方塊的手帕——那個時代的男人隨身都有那麼一方手帕，低頭擦眼淚。

我從小就知道，京劇雖然稱為「劇」，卻主要不是拿來看的；懂戲的人「聽戲」，不是「看戲」。印象裡，在那數十年思鄉的絕望時光裡，父親從來沒機會「看」過戲。《四郎探母》是音樂，是歌曲，而且，對於從大陸撤退到台灣的失根的兩百萬人而言，它是讓你疼痛到骨髓、每聽必哭的「流行歌曲」。

身為「戰爭難民」的第二代，《四郎探母》的「自思自嘆」就是我人生的第一支流行歌曲。

一聽就崩潰

任何一支可以讓你一聽就崩潰的歌曲，一定是危險的。一心一意要反攻大陸的國民政府，怎麼可能容許他的軍人崩潰呢？所以有禁唱、禁演清單，會「瓦解軍心」的《四郎探母》理所當然要禁。而編戲、唱戲的人，為了讓戲存活，也有對應的辦法，於是《新四郎探母》就幽默地上場了。編劇加了九十一個字，就變成一個可以演出的戲，被當年的作家蔣勳在台下看見，蔣勳在《新四郎探母》公演時趕過去看：

> 我趕去看，看到探母見娘一段，照樣痛哭，照樣磕頭，照樣千拜萬拜，但是，拜完之後，忽然看到楊四郎面孔冷漠，從袖中拿出一卷什麼東西遞給母親，然後告訴母親：「這是敵營的地圖，母親可率領大軍，一舉殲滅遼邦。」[1]

「叛徒」楊延輝突然變成了「間諜」楊延輝，「想家」固然會崩潰軍心，但是只要你「身在北國，心在南朝」，哭一哭也還好啦。

《四郎探母》這支「流行歌曲」在五〇年代的大陸同樣被禁。楊延輝戰敗，沒有自殺謝國成為英烈，竟然投降而且被敵人招贅，當然就是漢奸、叛徒，這歌曲怎麼能唱？台灣使出了「九十一字訣」，大陸卻乾脆重寫劇本。吳祖光的《三關宴》，就是依據上黨梆子《三關排宴》改編而成。戰敗的遼國國君蕭太后率眾到三關求和，佘太君當場要求遼國駙馬，也就是自己的兒子楊延輝，當作「戰俘」送回宋朝。已經與駙馬生了一個孩子的遼國公主當場拔劍自刎。楊延輝被母親押著回國後，佘太君大義凜然地斥責他「不忠不孝」，楊延輝最終跳下城樓自殺。可是八〇年代，如此剛烈正確的《三關宴》不知為什麼又不能公演了。

在台灣戒嚴時期，禁忌是很多的。《春閨夢》要禁，因為「可憐無定河邊骨，猶是春閨夢裡人」「充滿反戰思想」；《大劈棺》要禁，因為它「淫蕩、殘忍、有害善良風俗」。有一齣戲叫《讓徐州》，在徐蚌會戰（淮海戰役）以後就不能唱了，原因很清楚。《昭君出塞》禁唱，為了其中的唱詞：

文官濟濟俱無用，武將森森也枉然，偏教俺紅粉去和番，臣僚呵，於心怎安？於心怎安？

於是劇團就將唱詞改了：

文官濟濟全大用，武將森森列兩班，只為俺紅粉甘願去和番，臣僚送，於心怎安？於心怎安？

父親坐在破藤椅裡聽《四郎探母》泫然涕下的光景，七歲的我懵懂不知，幾十年之後才明白，原來那每一個流轉的音符、每一句唱詞，對他，都是最真實的國仇家恨，都是最切身的流離失所；那一個「自思自嘆」的孤獨光景，更是一整代人的定格剪影。

《四郎探母》是讓你疼痛到骨髓、每聽必哭的「流行歌曲」。

《四郎探母》這一組「流行歌曲」可以流行上千年，是因為幾乎每一代都經歷戰爭和流離，而《四郎探母》的「政治不正確」卻正是它藝術成就的核心因素——凡是有戰爭，就會有壓迫性的忠君愛國大規範，四郎探母卻哀傷地唱愛情、親情，談寂寞和思鄉，在最殘酷的時代裡撫慰人心最柔軟的部分。

年輕的一代人很少聽傳統戲曲了，我認為那是年輕一代巨大的文化損失。在西方，「傳統戲曲」是活在當下的。希臘的悲劇譬如《伊底帕斯王》（*Oedipus Rex*）、義大利的歌劇譬如《奧菲斯與尤莉迪絲》（*Orpheus and Eurydice*），華格納的音樂劇譬如《尼伯龍根的指環》（*Der Ring des Nibelungen*），被全世界當作高級藝術、人類遺產，請問哪一個不是歐洲的「傳統戲曲」呢？為什麼歐洲人的傳統戲曲我們就認為是現代的，而我們自己的傳統戲曲卻被看作是屬於式微藝術、屬於過去的呢？

失根的一代

一九九五年在上海第一次見到陳鋼[2]，《梁祝小提琴協奏曲》的作曲家之一，我告訴他自己認識這首協奏曲的經過。一九七〇年我考進台南成功大學，加入了古典音樂社團。有一天樂友很神祕地約我去聽一個祕密的音樂會，「絕對不可以說出去。」當晚到了一個地下室，非但是個地下室，房間所有的窗戶都用厚毛毯遮住，讓光線進不來，讓聲音出不去。氣氛很怪異，既是期待，又是緊張。大家席地而坐。我就在台灣南部一個不敢開燈的、密封的地下室裡和一群不到二十歲的大學生一起第一次聆聽了「匪區」的音樂。那一晚的感覺很奇怪；一方面，我們長期被灌輸大陸是如何恐怖的地方，但是那個恐怖的地方怎麼會有這麼充滿民族美感的音樂？

五〇年代的台灣是一個相當緊張、肅殺的年代，我們在小學裡唱的是反共愛國歌曲，詰屈聱牙之極致，譬如：

打倒俄寇反共產、反共產
消滅朱毛，殺漢奸、殺漢奸
收復大陸，解救同胞；服從領袖，完成革命
三民主義實行，中華民國復興
中華復興，民國萬歲；中華民國萬萬歲

可是回到家在安全的世界裡，轉動的是另一種旋律，另一個時代的感覺：〈五月的風〉、〈鳳凰于飛〉、〈薔薇處處開〉、〈桃李爭春〉、〈莫忘今宵〉、〈蘇州河邊〉、〈夜上海〉、〈花樣的年華〉……因此，在一個日本殖民者所留下來的榻榻米木頭房子裡，這邊是父親在哼西皮慢板「楊延輝坐宮院自思自嘆，想起了當年事好不慘然」，那邊是母親一邊嘩啦啦炒菜一邊唱〈五月的風〉：

五月的風，吹在花上，朵朵的花兒吐露芬芳
假如呀花兒你確有知，懂得人海的滄桑
他該低下頭來哭斷了肝腸
……
五月的風，吹在天上，朵朵的雲兒顏色金黃
假如呀雲兒你確有知，懂得人間的興亡
他該掉過頭去離開這地方

我一直以為母親喜愛的是陳歌辛歌曲的甜美婉約，準備這次演講時，細看歌詞，才驚異地發現，〈五月的風〉唱的其實是「人海的滄桑、人間的興亡」，訴說的心情其實是「哭斷了肝腸、掉過頭去離開這地方」的痛。

也就是說，後知後覺的我，要等到父親過世了，母親認不得我了之後，才恍然大悟，原來《四郎探母》那蒼老的「自思自嘆」說「思老母思得我把肝腸痛斷」跟那無比溫柔又天真無邪的〈五月的風〉，竟是同樣一種「哭斷了肝腸」對時代的傾訴。

這些在三〇、四〇年代的上海所寫成的歌，跟著兩百萬人在戰火中「輾轉於溝壑」，顛沛流離到台灣，成為這「失根的一代」最溫暖的安慰。不可思議的是，失根的一整代人所唱的歌，十之七八竟然都來自一個天才作者。

我跟陳鋼說，〈永遠的微笑〉是我母親最愛的歌，大概三歲就會唱了。他從屋裡拿出他父母親的合影，跟我說，那首歌是他父親寫給他母親的「情歌」，然後就在鋼琴前坐下來，彈〈永遠的微笑〉。

我也才第一次知道，那個撫慰了一整代人的作者自己卻「死於溝壑」。陳歌辛的歌被共產黨定位為「黃色歌曲」，一九五七年打成右派，送到安徽白茅嶺勞改農場。這個天才型的藝術家在一九六一年餓死於荒野時，只有四十六歲，他的妻子只能在他死後長途跋涉到白茅嶺撿拾遺骨。陳歌辛到死都不知道自己的歌，在一個遙遠的海島上被當作瑰寶，戶戶傳唱。

我也曾經在羅大佑家裡，晚餐後，看他抱起吉他，說，「來，我們來唱〈永遠的微笑〉！」知道了陳歌辛的悲涼命運，我閉著眼細聽羅大佑唱的每一個我熟悉的字，突然發現〈永遠的微笑〉哪裡只是一支天真的情歌！

音樂天才陳歌辛

心上的人兒，有笑的臉龐
他曾在深秋，給我春光
心上的人兒，有多少寶藏
他能在黑夜，給我太陽
我不能夠給誰奪走僅有的春光
我不能夠讓誰吹熄胸中的太陽
心上的人兒，你不要悲傷
願你的笑容，永遠那樣

在一九四〇年日本占領下的上海亂世中寫歌，陳歌辛恐怕早就知道僅有的「春光」會被奪走，胸中的「太陽」會被吹熄，他所愛的人，會沉入「悲傷」。這首情歌，藏著多麼深的不安和恐懼，而且預言了他未來的命運。我穿著粗布旗袍、在廚房邊做飯邊唱歌的母親，是不是也曾經停下來被歌詞的「悲傷」嚇到過？

歌怎麼變，時代怎麼變

在學校裡跟老師唱慷慨激昂的反共愛國歌曲，在家裡跟父親母親哼《四郎探母》和〈五月的風〉，在小朋友的家裡，發現朋友的爸爸媽媽聽的是不一樣的歌，譬如用閩南語唱的〈雨夜花〉。

雨夜花，雨夜花，受風雨吹落地
無人看見，每日怨嗟，花謝落土不再回

〈雨夜花〉是一九三四年推出的，作詞者周添旺用這首歌表達酒家女的悲涼命運，像風吹雨打的花瓣一樣，落土飄零。三〇年代，這首歌就在日本人統治的台灣傳唱。到了我的「小時候」，已經是五〇、六〇年代，連我這個「外省小孩」也會唱，表示它多麼的深入巷弄。

但是〈雨夜花〉在一九三七年中日戰爭爆發後，突然有了一個全新的版本。一首民間的、哀怨命運的抒情曲，突變成鼓勵台灣人參軍打仗的進行曲，日本戰敗以後，這首歌就徹底被遺忘。[3]

歌，是歷史的見證，更是時代的鏡子。一首歌怎麼變，折射出來的其實就是時代怎麼變。譬如台灣很少人知道但是大陸人很熟的這首歌，〈啊朋友再見〉。[4]

這麼好聽的歌，為什麼台灣人不知道呢？因為台灣所看到的反納粹的二戰電影，全部是美國的，而南斯拉夫屬於共產陣營，它的電影《橋》當然看不到。影片和〈啊朋友再見〉是大陸好幾代人的共同記憶，在七〇年代那個文化資源非常貧乏的時代裡，這種帶點溫柔感的為國壯烈犧牲的英雄電影讓人熱血沸騰。

可是四十年之後，人們對於「犧牲」和「英雄」的概念有了非常不同的體會以後，也許還是喜歡這首歌，但是唱法，想要表達的思想與態度，就很不一樣了。民謠歌手蔣明的〈啊朋友再見〉就不再是對於愛國者的歌頌，更多的是懷疑和淡淡的虛無。

啊朋友　我們以為老去是件漫長的事　有時候它是一夜之間

在清晨的鏡子看見蒼白的自己　像一顆正在消失的流星
啊朋友　聖賢說那堅持一定成功的事　頭懸梁錐刺股三顧茅廬
相信它的人就像相信一個漫長玩笑　不信它的人已沒了靈魂
啊朋友　電影裡面那些不曾懷疑的事　蔣中正　潘冬子　還有雷鋒
沒困難我們創造困難也要往前衝　堅持做未來世界主人翁
啊朋友　告訴我相遇是件宿命的事　告訴我忠貞與背叛之間……

「懷疑和淡淡的虛無」作為一種態度之所以可能，是因為時代已經走到了這裡。然而在另一個時空裡，集體的情緒卻完全是另外一種，譬如伊朗的異議者，就把〈啊朋友再見〉拿來表達對統治者的抗議。

當你抗議的時候，需要的是強烈的「相信」，不是懷疑和淡淡的虛無。同樣一首歌，在兩個不同的社會裡，表達了截然不同的集體情緒。

歌如歷史，自己有腳

最後要跟大家分享的是〈安息歌〉。五〇年代是台灣整肅共產黨的高峰，很多共產主義的信仰者被逮捕、槍斃。在牢房裡，當一個政治犯被叫出去送往刑場的時候，同監的犯人就唱〈安息歌〉相送。前政治犯蔡焜霖先生這樣描述那個場景：

> 軍法處（現台北喜來登飯店）的凌晨四、五點是恐怖的時刻。沉睡的寂靜中響起獄卒的腳步聲和打開鐵門的咿軋之聲，每位難友夢中驚醒，在關著幾千人的大牢內大家屏氣靜息，靜聽著獄卒一一念起被判死刑將被押出去執行槍決的名單。被叫到名字的牢裡前輩，常是從容起身換上早備好的雪白襯衫或乾淨衣服，與牢友一一握手後走出去被五花大綁送往刑場。這時留下來的人唱著安息歌送行。

安息吧死難的同志　別再為祖國擔憂
你流的血照亮著路　指引我們向前走
你是民族的光榮　你為愛國而犧牲
冬天有淒涼的風　卻是春天的搖籃
安息吧死難的同志　別再為祖國擔憂
你流的血照亮著路　我們會繼續前走[5]

這首歌究竟是哪裡來的呢？

我不及查證，但是一般的說法是，一九四五年十一月二十五日，昆明「西南聯大」舉行了反內戰集會，與警方衝突，逐漸擴大成為大規模示威，到了十二月一日爆發流血衝突，四名學生死亡，重傷很多人，就是歷史上的「一二一慘案」，成為此後全國反內戰運動的開端。

當時，聖約翰大學學生，也是中共地下黨員的成幼殊，寫下這樣一首歌詞，獻給昆明犧牲的學生，由另一個同學作曲，在上海的紀念大會發表。這首歌，在原來的出發地——不論是昆明或上海，早就被遺忘了，卻隨著信仰輾轉渡海，到了最絕望的死角，成為人生最後的嘆息聲。

歌，和歷史一樣，自己有腳。你希望它流行，它不見得流行。你認為它只有一種意義，它鑽入地底，出現時是一種全新的宣示。你希望它湮滅、消失，它四處流轉，如星火燎原。

一首歌，其實就是一個時代，時代由不得你。

1 蔣勳〈不可言說的心事——談《四郎探母》〉，《聯合報副刊》，一九九八年十月五、六日。

2 陳鋼：一九三五年出生於上海，中國當代著名音樂家，一九五九年上海音樂學院畢業前與何占豪共同創作《梁祝小提琴協奏曲》。其父親是陳歌辛，流行曲作家，寫出〈玫瑰玫瑰我愛你〉、〈薔薇處處開〉與賀年歌〈恭喜恭喜〉等耳熟能詳作品。

3 日治末期，閩南語流行歌〈雨夜花〉被日人栗原白也改成軍歌〈榮譽的軍夫〉，用來鼓勵台灣人踴躍參軍打仗。

4 〈啊朋友再見〉外文曲名是〈Bella Ciao〉，源自義大利民謠，作為南斯拉夫反法西斯題材電影《橋》的插曲，曾在中國大陸廣為流傳。

5 蔡焜霖〈少年書呆子牢獄之歌〉，《秋蟬的悲鳴：白色恐怖受難文集》，二〇一二，國家人權博物館。

香港，你往哪裡去

——對香港文化政策與公民社會一點偏頗的觀察

香港政府於二〇〇一年推動的「西九龍」計畫，是一個占地四十公頃的重大文化建設。二〇〇三年，龍應台移居香港，發表〈西九龍，請慢〉一文，提醒文化硬體建設不能沒有長程眼光和軟體思維。二〇〇四年十一月九日，應香港大學演講邀請，與大眾分享她對香港文化政策與公民社會的觀察。

此篇為二〇一九年以前的香港畫出一個歷史剪影。

中環代表了香港，「中環價值」壟斷了、代表了香港價值：在資本主義的運作邏輯裡追求個人財富、講究商業競爭，以「經濟」、「致富」、「效率」、「發展」、「全球化」作為社會進步的指標。

到稅務局繳完了稅，下樓時覺得特別神氣，從此以後多了一重身分：香港的納稅人。寫這篇文章，就是在盡一個香港納稅人的義務，當然，也是權利。

石水渠街的野薑花

從稅務大樓出來，橫過幾條大道就可以到石水渠街，我要到那兒買一把野薑花。窄窄的石水渠街是一個露天市場，擠擠攘攘的，人情味十足。鞋店前放著幾個水桶，火百合、滿天星、野薑花，隨興地「扔」在裡面，愛買不買。海產店前一攤一攤的鮮活漁獲，一隻巴掌大小的草蝦蹦到隔鄰的一籠青翠的菠菜上，又彈到地面；嚇了一跳的家庭主婦將牠撿起，笑咪咪交還給魚販。腆著肚子的屠戶高舉著刀，正霍霍地斬肉；千錘百鍊的砧板已經凹成一個淺盆。駝背的老太太提著菜，一步一步走在人群裡，雖然擁擠不堪，她不慌不忙，顯然腳底熟悉每個地面的凹凸，眼裡認識每個攤子後面的鄉親。

野薑花聽說來自南丫島的水澤裡。我買上一大把，抱在懷裡，搭上開往石塘咀的老電車，一路叮叮噹噹晃回西環。

一道公民考題

如果我是香港的公民教育老師，我會出這麼一個考題：

中區警署十七棟古意盎然的歷史建築要交給地產商開發。灣仔的石水渠街露天市場要拆除，古老「印刷一條街」利東街要拆除，灣仔老街市要拆除……舊的、老的、矮的建築，狹窄的擁擠的老街老巷，要讓位給玻璃和鋼筋的摩天大樓，變成昂貴的公寓大樓或者寒光懾人的酒店商廈。

西九龍文娛區的競標廠商紛紛提出了規劃，毫無意外地，全是地產財團。標書指定要有的四個博物館、三個表演廳，地產商正在進行全球性的合縱連橫、做如火如荼的宣傳。香港的報紙突然每天都是國際美術館的長而拗口的名字。

同時，公民教育委員會製作了一個宣傳短片，《心繫家國》[1]。中華人民共和國的國歌配上溫馨動人的畫面，每天在新聞報導前播出。精心包裝的愛國教育在悄悄進行中。

請指出，以上看起來互不相關的三件事，隱藏著什麼內在的關聯？試從三件事中看出香港的文化政策及公民社會的發展狀態。

「中環價值」壟斷

香港宣傳自己的標語是：亞洲的國際都會，Asia's World City。這個自我標榜沒錯，觀光客所看見的香港也是這樣一個面貌：地面上有高聳入雲的大樓、時髦精美的商店，地面下是四通八達的運輸密網、人定勝天的填海技術。看得見的是名牌銀行林立，貨櫃碼頭如山，看不見的是精細複雜的金融制度，訓練有素的專業人才，清廉效率的政府、法治的管理。

國際上所看見的，以及香港人自己所樂於呈現的，就是這樣一個香港：建築氣勢凌人、店鋪華麗光彩、英語流利、領口雪白的中產階級在中環的大樓與大樓之間快步穿梭。也就是說，中環代表了香港，「中環價值」壟斷了、代表了香港價值：在資本主義的運作邏輯裡追求個人財富、講究商業競爭，以「經濟」、「致富」、「效率」、「發展」、「全球化」作為社會進步的指標。

外面的人走在中環的大道上，仰著脖子欣賞高樓線條的絢麗，不會看見深水埗街上那些面容憔悴、神情困頓的失業工人，或者多年住在觀塘和元朗卻從沒去過中環的新移民婦女。外面的人守在尖沙咀海濱星光大道上等候驚天動地的煙火表演，不會想到，香港七百萬人中有一百四十五萬人活在貧窮線下，有很多很多的獨居老人像雞鴨一樣長年住在籠子裡；不會想到，這個「亞洲的國際都會」在貧富不均的指標上高居世界第五，與智利、墨西哥、哥斯大黎加、烏拉圭同流。外面的人不會想到，姿態矜持而華貴的中環其實只是香港眾多面貌中的一個而已。

這樣的敘述，其實也不正確，因為我很快就發現，香港裡面的人，也有許多人看不見中環以外的香港，也把「中環價值」當作唯一的價值在堅持。

拆，拆，拆

九龍城寨、調景嶺，早就拆了。因為九龍城寨和調景嶺骯髒、混亂、擁擠，用「中環價值」來衡量，代表了令人羞恥的「落後」。九龍城寨和調景嶺所凝聚的集體記憶和歷史情感，是掃進「落後」的垃圾堆裡一併清除的。

旺角的朗豪酒店剛剛落成。龐大的建築體積座落在窄窄的上海街上，高牆效應使上海街上的人變得非常渺小，彷彿老鼠爬在牆角下。啟德機場移走之後，九龍的建築限制改變，朗豪預告了九龍將來的面貌：九龍也將中環化。

灣仔的 Mega Tower 酒店也是地產商一個巨大的建築計畫，如果通過，意味著灣仔老街老巷老市場的消失，老鄰居老街坊的解散；意味著原本濃綠成蔭的老樹要被砍除，栽上人工設計出來的庭園小樹，加棚加蓋鋪上水泥，緊緊嵌在大樓與大樓之間。

包浩斯風格的老街市要被拆除，藍色的老屋要被拆除，石水渠街的老市場要被拆除，中區警署的歷史建築群，包括域多利監獄，要交給地產商去「處理」，讓他們建酒店商廈。更多的酒店，更多的商廈，更多的摩天大樓，像水淹過來一樣，很快要覆蓋整個香港。

祖母的日記能招標嗎？

來香港一年，有很多的驚訝，但是最大的震驚莫過於發現，香港政府對於香港歷史的感情竟是如此微弱。讓我們看看中區警署。就藝術而言，中區警署建築群的風格代表了殖民時代的美學，在香港已經是「瀕臨絕種」的稀有建築。就歷史而言，域多利監獄當年監禁過反清的革命志士，也殘害過反日的文人。是否監禁過孫中山，史學家還在辯論；即使將來證明沒有，辯論的過程本身也已經為歷史添加了重量。而即使沒有孫中山，難道戴望舒的獄中血淚還不足以使這個監獄不朽嗎？[2]

獄中題壁

如果我死在這裡
朋友啊，不要悲傷
我會永遠地生存
在你們的心上……
當你們回來，從泥土
掘起他傷損的肢體……
把他的白骨放在山峰
曝著太陽，沐著飄風
在那暗黑潮濕的土牢

這曾是他唯一的美夢

——一九四二年四月二十七日

除了戴望舒之外，還有多少可歌可泣的歷史深埋在域多利監獄裡？牢房裡頭若是江洋大盜，他可能凸顯了香港的治安史；若是因貧困而犯罪的升斗小民，他就呈現了香港的底層庶民生活史；若是飢寒交迫的非法移民，他就刻畫了香港顛沛流離的遷徙史；若是屈打成招的政治犯，他就為帝國主義的殖民史押上了筆錄。

每一個牢房、每一面牆，都是香港史的證物。我敢說，域多利監獄裡的每一塊磚都是濕的，因為它滲透了香港人的母輩祖輩的淚水和嘆息、香港人集體的創傷和榮耀。政府哪裡有權利把它交給地產商去「處理」掉？你會把祖母手寫的日記本拿去招標出售嗎？

監獄是要保留的，政府說，但是環繞監獄的很多其他老建築，不是太珍貴。或許，但是，請問，做過完整的歷史調查嗎？認真問過市民的想法嗎？歷史建築的文化價值若是真正被重視，為什麼我們只聽見「經濟效益」四個字？監獄的歷史意義若是真正被珍惜，你可能把它和周邊環境截斷，讓它孤零零地站著，被高聳逼人的酒店和商廈包圍？

如果我是……

作文題目：如果中區警署建築群是在台北，我會怎麼做？

如果我是文化局長，我會馬上成立一個專案小組進行這幾件事：

對市長和財長進行說服：歷史記憶是市民身分認同的護照，使一個群體有別於他人的感情印記。而文化保存是一個城市的命脈，與經濟發展也可以並行不悖。對十七棟建築的每一棟進行深度多元的歷史調查。以域多利監獄為例，委託歷史學者開啟所有監獄檔案，研讀每一個個案，書寫域多利監獄史。透過對政治犯、冤案、犯罪紀錄、懲罰與感教制度演變等等的研究，香港與中國近代史以及英帝國殖民史血肉相連的一頁可能有嶄新的視野出現。如果資料夠豐富，甚至思考成立監獄博物館，譬如墨爾本的監獄博物館就是那個城市最辛酸、最動人的一個歷史博物館。

十七棟建築，就是十七種最疼痛、最深刻、最貼近香港人心靈的香港史。以後每一個跟著老師進去走一遍的小學生，都會從一塊磚裡頭看見自己的過去，從而認識自己的未來。

向企業及大眾募款，發起認養古蹟運動，成立國民信託基金。大企業可以捐鉅款，小市民可以「一人一百塊」作古蹟之友。基金用來修復古蹟，同時作為永續保護及管理經營之用。

如果我不是決策官員而是個小市民，那麼我會用盡力氣發起公民反抗運動，串聯所有的非政府組織——環保團體、消費者團體、小學家長會、被虐婦女保護協會、勞工權益促進會、文史工作室、青年義工……，包括國際組織；我會結合所有大學的歷史系、建築系、城鄉研究、都市計畫、景觀系所以及教育學院將來要為人師者的學生和教授們，與政府進行長期的抗爭。我會靜坐、示威、遊行。我會不間斷地投書給本地和國際的媒體，我會向聯合國教科文組織求援，向國會議員申訴；我會尋找律師探討控告政府的可能。

最後，告訴你我最後會做什麼：我會用選票把不懂得尊重文化、輕視自己歷史的政府選下去，換政府。但是香港的政府是不能換的，因為沒有普選。

西九龍爲誰而建？

香港政府不僅只將充滿歷史記憶的老區交給財團去開發，空曠的新地同樣放任財團去發展。西九龍簡直就可以直接寫進文化政策的教科書當作負面教材範例。香港核心區最後一塊濱海的鑽石地帶，如果講明要做商業開發，靠賣地賺錢，也就罷了，可是政府說，這將是文化項目，要有四個博物館，三個表演廳等等，要在文化上建設香港。

要建設一個文化的香港，是不是先要知道香港有什麼，缺什麼，哪裡強，哪裡弱？在招標之前，起碼有幾十個非做不可的研究調查：

譬如藝術教育整體研究：香港的教育制度裡有多少藝術教育？與國際評比如何？藝術教育缺哪一環？香港人希望自己的下一代有怎樣的文化素養？西九龍規劃需不需要把青少年的藝術教育當作核心思考？

譬如創意產業調查分析：哪一個產業在香港最具競爭力，最值得重點扶植？如何扶植？動畫是否已被韓國領先？水墨是否有發展空間？設計是否是香港的優勢？如果是，應該設立博物館還是設計學院還是兩者都不要？

譬如藝術人才培養計畫：除了補助之外，是否應該有制度的變革？是否應該提升智慧財產的保護、是否應該加強大學的藝術科系，西九龍如何用來培養本土創作……

譬如欣賞人口的擴展：十八歲以下的藝術欣賞人口有多少？什麼獎勵或補助制度可以創造欣賞人口？什麼設施可以吸引更年輕的藝術欣賞者？

譬如弱勢公民文化權的普查：六十五歲以上的長者看什麼戲、聽什麼歌、享用到幾成的文化設施？盲者、聾人、單親媽媽、同性戀者、坐輪椅的、精神病患、監獄犯人、外籍勞工、尼泊爾和巴基斯坦的弱勢族群、貧窮線下的赤貧者、赤貧者的孩子……享用到多少文化的公共資源？康文署所提供的活動裡他們的參與是幾成？如果弱勢者的文化權沒有被照顧到，那麼西九龍是否應該將之納入考量？

譬如現有文化設施的全面體檢：歷史博物館、科學館、藝術館等等，現有多少參觀人數？藝術教育效應評估如何？是否低度使用？是否浪費空間？是否經營不善？是否資源重疊？

譬如二〇三〇年香港文化發展藍圖的提出：香港對自己的文化期許、文化定位是什麼？它所缺的究竟是草根性質的社區兒童圖書館、街坊藝文活動中心，還是水晶燈紅地毯、一張椅子一萬塊的現代演藝廳？要補強的是中國的還是西方的、現代的還是傳統的、本土的還是國際的？

譬如……

零零星星的研究確實在進行中，但是並沒有整體的藍圖。好像掛一張巨大的文化地圖在牆上，將宏觀的未來藍圖透明疊在現存狀態上，就可以清楚看見自己的強項和弱點。西九龍應該發揮什麼功能，應該包含什麼設施，應該或不應該做什麼，必須放在這樣一個宏觀、前瞻的藍圖上去思索，才是負責任的規劃。

沒有全面的研究調查，沒有宏觀的文化藍圖，也渾然不談香港的文化定位，就把西九龍交給財團去自由發揮。財團怎麼做呢？他關心香港的藝術發展嗎？他了解香港的文化潛能和文化困境嗎？他有文化的前瞻能力嗎？他對邊緣人、小市民的文化公民權要負起責任嗎？

西九龍落在商人手裡，於是我們就看見典型的香港商業操作上演：一個說，邀了龐畢度來開分店，另一個就說要與古根漢合作，第三個更厲害，找來了「八國聯館」，號稱要聯合北京的故宮、芝加哥美術館、俄羅斯埃爾米塔日故宮博物館、羅浮宮和奧塞、澳洲博物館、英國維多利亞及亞伯特美術館、多倫多皇家安大略博物館、西班牙普拉多美術館。商人玩藝術家、建築師、美術館的名字跟他們玩 Gucci皮包、Bali皮鞋、Armani服飾、Dior化妝品手法一樣，只是文化的意義被淘空。

有沒有人在問：這些聲名顯赫的國際美術館進到西九龍，為香港人帶來什麼？香港的孩子會得到更好的藝術教育？本地的藝術家會得到更多發表的空間、創作的資源？香港文化會從此扎根，香港人會因而對香港文化更有自信？還是說，香港因此會吸引法國人來香港看羅浮宮和奧塞分店，吸引美國人來香港看古根漢分館，吸引俄羅斯人、加拿大人、西班牙人來香港看他們國家的東西，或者北京人來香港看故宮典藏？

西九龍究竟是為什麼而建？為誰而建？更核心的是：香港的文化藍圖究竟是什麼？人文素養的厚植、文化發展的永續，策略又是什麼？如果對人文有關懷，對未來有擔當，這些問題都是決策者不能逃避的問題。

但你不能對商人這樣要求；商人是為了賺錢發財而存在，政府才是為了關懷和擔當而存在。對香港的孩子、藝術家、文化發展、城市前途有責任的，不是這些商人，是政府。當政府沒有關懷和擔當時，那就是一個有問題的政府。

開發，是香港的意識型態

老區成片成片地剷除，新區不經思索地開發，財團老闆坐在推土機的位子上指揮，政府官員坐在冷氣呼呼的辦公室裡微笑。當財政司長笑咪咪地宣布要「開發」大嶼山——建設刺激遊樂場、水上遊樂場、高爾夫球度假村……我又像野貓一樣弓起背、毛髮直豎，想問：你的二〇三〇年城市藍圖是什麼？發展還是保育的抉擇、香港的城市定位，都清楚了嗎，在你把綠油油的大嶼山交給財團、變成工地之前？

在香港，經濟效益是所有決策的核心考量，開發是唯一的意識型態。「意識型態」的意思就是，它已經成為一種固執的信仰，人們不再去懷疑或追問它的存在邏輯。所造成的結果就是，你覺得香港很多元嗎？不，它極為單調，因為整個城市被一種單一的商業邏輯所壟斷。商廈和街道面貌就是一個最明顯的例子：不管是又一城還是太古廣場還是置地廣場，一樣的建築，一樣的商店，一樣的貨物，一樣的品味，一樣「歡迎光臨」的音調。走在光亮滑溜的廊道上，你看見物品看不見人，物品固然是一個品牌的重複再重複，售貨員也像生產線上的標準模。連咖啡館都只有標準面貌的連鎖店。如果僅只在這些大商廈裡行走，你會得到一個印象：香港什麼都有，唯一沒有的是個性。大樓的反光，很冷；飛鳥誤以為那是天空，撞上去，就死。

城市發展的另一種可能是：老街上有老店，老店前有老樹，老樹下有老人，老人心裡有這個城市特有的記憶，他的記憶使得店鋪有任何人都模仿不來的氛圍、氣味和色彩。如果不是老店，那麼什麼都不怕的年輕人開起新店，店裡每一根柱子，柱子上哪怕是一根釘子，都是他性格和品味的表達。離了婚的女人開起咖啡館，每一只杯子、每一張桌布、每一瓶花草都是她個人美學的宣示。老婆婆的雜貨店賣的酸菜還泡在一個你從小就看過的陶缸裡，成為你日後浪跡天涯時懷鄉的最溫暖的符號。

香港不是沒有這種個性和溫暖，買得到野薑花的石水渠街、印過喜帖和革命文宣的利東印刷街，都是香港最動人最美麗的城市面貌。但是在「開發」的意識型態主導下，它們在一條街一條街地消失，被千篇一律面無表情、完全看不到「人」、看不到個性的都市建設所取代。

政府和財團進行土地的買賣，嘴裡吐出天文數字，對著鏡頭談經濟效應；我納悶的是，那麼誰在負責思考：我們要一個什麼樣的香港？

大樓的反光，很冷；飛鳥誤以為那是天空，撞上去，就死。

你可認識歌賦街？

我所目睹的二十一世紀初的香港，已經脫離殖民七年了，政府是一個香港人的政府，但是我發現，政府機器的運作思維，仍舊是殖民時代的思維。

殖民思維有幾個特點：它一不重視本土文化和歷史，二不重視草根人民，三不重視永續發展。

英國人統治時，他所立的銅像、所寫的傳記、所慶祝紀念的生日忌日、所歌頌的傳奇、所愛惜的古蹟、所命名的街道，當然都是英國角度出發的人物和歷史。對於中國和香港本土的歷史記憶，是漠視和輕視的。王韜、康有為、梁啟超、孫中山、魯迅、蕭紅、張愛玲、許地山、戴望舒、蔡元培、錢穆、徐復觀、余光中……這些名字都沒什麼意義。華人因鼠疫而死亡的口述歷史、房舍因大火而焚燒殆盡的遺址、鄉民因抗英而犧牲的地點、大罷工時工人集會的廳堂、文人因反日而被害的日記、魯迅演講的大堂……在殖民者眼中，無關緊要。

於是所謂「脫離殖民」，最重大的意義之一就是，人們回頭去把自己被扭曲、被改寫、被漠視被輕視的歷史挖出來；把被殖民者丟到垃圾堆裡的祖母的日記找回來，擦乾淨，重新，一字一句地辨認，一字一句地讀，從脆弱泛黃的紙張和蒼白的字跡裡，重新發現自己是誰。「脫離殖民」意味著，每一個香港孩子走過中環歌賦街時，知道「歌賦」（Gough）不過是某英國陸軍中將的名字罷了，但是他更知道歌賦街四十四號的中央書院是孫中山讀過的學校，歌賦街二十四號是孫中山、陳少白等「四大寇」意興風發密商革命之處。

「脫離殖民」意味著，把殖民者所灌輸的美學品味、價值偏重和歷史觀點——不見得推翻，但是徹底重新反省，開始以自己的眼光了解自己，開始用自己的詞彙定義自己；後殖民的政府會把本土的文化歷史古蹟、老街老巷老記憶，即使不美麗不堂皇不甚體面，一點一滴都當作最珍貴的寶貝來保護珍愛。

我沒看到這個過程真正在香港發生。

文化缺席的政府

更確切地說，殖民者並非僅只不重視被殖民者的文化，他原則上不重視文化，因為文化是思想，思想勢必意味著獨立思考和價值批判，這些都是對統治的障礙。從香港政府的組織架構就看得出，文化在這個城市的管理和發展上，是毫無地位而且極端邊緣的。香港沒有文化的專責機構，文化藝術「夾帶」在民政局的業務內，與捕鼠滅蚊、足球博彩、郵票設計、幫傭管理、游泳池清潔、大廈與旅館業監督等等混在一起。民政局的「使命」列出十四條，其中只有兩條直接與文化有關，哪兩條呢？

最重要的是文康，也就是說，香港對文化的理解還停留在辦理康樂活動的層次。另一條是古蹟保存。把古蹟保存列為十四條之一，不是很不錯嗎？但是你發現，古蹟保存的工作是由一個層次極低的三級單位來負責。在民政局屬下還有各種圖書館、藝術館、博物館等等，各自辦理自己的活動。這個結構所凸顯的是，文化處於下游，根本進不了最上游的決策，或者說，在最上游的決策機制裡，根本就沒有文化的思維和視野。

我們可以想像這樣一個鏡頭：最高的決策會議討論中區警署的議題時，財政司長、工商局長、經發局長、運輸局長、房屋及規劃局長可能都從經濟本位去發言，那麼誰站起來為古蹟的文化傳承和歷史意義去力排眾議、「咆哮公堂」呢？民政局長的本位不一定是文化，可能是民政。所以文化的位子上，其實是空的。所有的決策，就在文化缺席的狀況下，做了。在一個文化缺席的政府結構裡，當然經濟效益可以超過任何別的考慮，開發意識型態可以勢如破竹地進行，都市建設可以由財團主導，城市品味由工程及經濟官僚決定……

為什麼會這樣呢？殖民者在的時候，他無心厚植文化根底是可以理解的，因為他知道自己遲早要走，香港不是他的家。開發是理所當然的意識型態，開發所得，豐富了他的母國——他真正的家。至於開發是否犧牲一些其他的價值，譬如社會公義或歷史情感或造成文化的虛弱，他不必在意。於是所謂脫離殖民，意味著後殖民政府回頭去挑戰殖民者的開發至上哲學，把殖民者所忽視的價值翻轉過來放在首位思考：對貧民和弱勢的照顧、對文學和語言的重視、對文化和歷史的強調、對綠色土地的鍾愛、對下一代人文教育的長程投資等等，一種「厚植本土、文化優先」的思想，在被殖民者自己當家作主之後會取代「唯利是圖」的功利思維，變成新的主流哲學。也就是說，在後殖民政府裡頭，文化理應成為首席局。

但是我並沒看到這個過程在香港出現。

一萬個口號抵不過一支老歌

殖民者挾其母國的現代化優勢，他的政府一定是由菁英思維主導的，「民可使由之，不可使知之。」政府官員掌握知識、能力和權力，一切的決定由上而下貫徹。捉襟見肘時，一通午夜的電話掛往母國，第二天早晨已有指示。母國畢竟文化厚重，經驗嫻熟，往往還在殖民地創出優越的成績。於是所謂脫離殖民，就是在別人的「大腦」抽走了之後，開始產生自己的想法，自己的想法從哪裡來？當然是民間。

老歌、老樹、老街，代代傳承的集體記憶，就是文化。

脫離殖民意味著政府從原本居高臨下的菁英位置走下來，與自己的平民站立在同一高度對話；中區警署保存或開發，灣仔老區保護或拆除，由市民的意志主導。康文署也不再是所有活動的主辦者，不再掌握所有資源，不再是藝術家和表演團體仰望的施捨者，民間自己實力強大、百花齊放。脫離殖民意味著本地的學者、專家、文化人會取代殖民者的「大腦」深入政府的決策過程，不再坐在林林總總的「諮詢委員會」裡當政府假裝民主的花瓶，而成為影響社會發展的實質主要動力；西九龍的文化定位，大嶼山的開發與否，都會有一個深刻的公民辯論、知識界文化界專業較勁的過程。同時，當人民開始真正參與決策，開始有權利決定自己的未來時，公民社會於焉成形。

我也沒看到這個過程真正在香港產生。

我目睹的，反而是另外兩種過程。一方面，殖民者的思維模式和運作方式照樣推著香港快快走，用原來的高效率，但完全不見「大腦」的更新。另一方面，新的「公民教育」悄悄發酵：《心繫家國》把中華人民共和國的國歌調成甜甜的飲料，讓香港人喝下一杯「愛家愛國」。幼稚園的孩子們學唱「起來，起來，起來……」公民教育被簡化為愛國教育，愛國教育被簡化為愛黨的政治正確。

中國，不是不可以愛。英國殖民者曾經多麼地防備你去愛它，連鴉片戰爭都一筆帶過。但是，中國值得香港人去了解、去愛的，是它的法官還是它的囚犯？是它的軍隊還是它的人民？是唐詩宋詞還是黨國機器？是它的土地還是它的宮殿？香港如果要對中國做出真正重大的歷史貢獻，是去順從它還是去督促它？公民教育該教孩子的，恐怕不是愛什麼，而是怎麼愛，如何選擇所愛。

真正的公民教育，是讓老師們帶著孩子去行香港的山，教他們認識島上的野花野鳥；是讓維園阿伯成群結隊地去開社區大會，辯論灣仔老街市該不該拆除；是讓大學生在做了中區警署的歷史訪查之後，組隊到政府大樓去示威抗議；是讓中學生學習關懷尼泊爾和印度裔香港人的悲苦和孤獨，讓社區媽媽們組織「濕地保護協會」、「石澳文史工作室」、「古蹟之友基金會」……

真正的公民教育是讓下一代清清朗朗以自己腳踩的土地和文化為榮。真正的公民教育是讓孩子們知道，當你不同意一個政府的思維和決策時，你如何站出來挑戰它、打敗它。

如果讓假的公民教育生根，令人擔心的是，香港人還沒來得及從前面一堆廢紙堆裡找出祖母的日記，已經被後面轟隆傾倒下來的新的紙堆撲倒。

所謂脫離殖民，意味著被殖民者開始認真地尋找自己、認識自己、發現自己、疼愛自己。每一次遊行，每一次辯論，每一場抗爭，都會使「我是什麼人」的困惑變得清澈。每一棟老屋被保存，每一株老樹被扶起，每一條老街被細心愛護——即使是貧民街，都會使人們驚喜：原來我的腳所踩的就是我的家、我的島、我的國。要人民愛家愛國嗎？

不要花納稅人的錢去製作宣傳吧！你不要拆掉他的老屋老街，不要剷除他的參天老樹，不要拆散他的老街坊，不要賣掉他祖母的日記本，他就會自然地「心繫家國」，歌於斯，哭於斯。

認同，從敢於擁抱自己的歷史和記憶開始，而一萬個政治人物的愛國口號呼喊，不如一支低沉的老歌，一株垂垂老樹，一條黃昏斑駁的老街，給人帶來抵擋不住的眼淚和纏綿的深情。老歌、老樹、老街，代代傳承的集體記憶，就是文化。公民社會，從文化認同開始。

中環價值，無法創造人文底蘊；殖民思維，無法凝聚公民社會。而且，別再告訴我「香港人雖然沒有民主，但是有自由」，因為沒有民主保障的自由是假的自由，它隨時可以被你無法掌握的權力一筆勾銷，再說，中區警署若是拆個精光，你能怎麼樣？但是你能怪政府嗎？連小學生都知道：有什麼樣的人民，就有什麼樣的政府。所以，香港，你往哪裡去？

光與熱之必要

這裡所有的批評，都是以偏概全的，因為明明已經有這麼多人正在努力，不管是民間還是政府內部：保護海灣的運動，灣仔區議會對灣仔老區的關懷行動，四年前（二〇〇〇）文化委員會成員的點滴心血，牛棚書院[3]、Project Hong Kong 和種種社運團體的努力，媒體文化版的持續討論，專欄作家的日日呼籲，甚至民政局所主導的種種文化論壇……在在都顯示，香港的公民能量和人文反思有如活火山地殼下的熱氣，在噗噗蠢動。七一遊行，是熱量的凝聚。但是，原有的中環價值和殖民思維堅固巨大如鐵山，七年了，鬆動的，是那麼的少……

我只能把黑人作家詹姆斯．包德溫（James Baldwin）的話偷來，送給所有正在艱難地放光放熱的香港朋友們：「文化傳承是內聚的，它約束了我；天賦權利是外擴的，把我和所有生命永遠地連結。但沒有人可以只要那天賦權利而不接受他的文化傳承。」[4]

1 《心繫家國》：香港政府民政事務局轄下的公民教育委員會和青年事務委員會共同成立的國民教育專責小組製作、為主權移交中國後加強香港人國民意識而攝製的電視宣傳短片。

2 戴望舒：一九〇五—一九五〇，出生於浙江杭州。詩人、《星島日報》副刊編輯，一九四二年春天因宣傳抗日而被日本人監禁於域多利監獄。

3 牛棚書院：二〇〇〇年，香港文化評論人梁文道於土瓜灣牛棚藝術村創立的社區學院，規劃哲學、藝術等課程，並出版免費雜誌。可惜虧損嚴重，兩年後關閉。

4 My inheritance was particular, specifically limited and limiting. My birthright was vast, connecting me to all that lives, and to everyone, forever. One cannot claim birthright without accepting the inheritance.

誰的添馬艦

——我看香港文化主體性

添馬艦是香港中環核心海濱一塊填海空地，港府宣布要在該址設政府總部。二〇〇六年六月二日，香港大學舉辦「思索香港」講座，龍應台應邀演講「誰的添馬艦」，主張政府是幕後服務者，不應占據全城最耀眼的前台。

如果世界還看得見香港的「人」——快樂的、悲傷的、泡茶的吃飯的、散步的追風箏的，憤怒示威的、激動落淚的，彼此打氣相互鼓勵的香港的常民生活，也就是一個有生活內涵、有人的性格的城市，那才真是「世界級」的「香港精神」吧？

我知道「做客人要有禮貌」。我知道我「不是香港人，所以不懂香港」。我完全承認「你們台灣更糟糕」。但是，我也相信香港人的開闊，容得了善意的直率。

添馬艦有故事

添馬艦，HMS Tamar，是英國海軍一艘軍艦，建造在一八六三年——太平天國鬧得正兇、美國正在打南北戰爭的時候。是一艘三千六百五十公噸的三桅運兵船，一八九七年以後，留駐維多利亞港內，成為駐港海軍的主力艦。在一九四一年的香港保衛戰中，日軍入侵，英軍退守港島，港府下令炸毀港內所有船隻以免為日軍所用，添馬艦也被炸沉。在一個海軍戰俘的網頁上，我找到那個奉命炸沉添馬艦的士兵的日記：

> 十二月十一日，海軍忙碌不堪。所有船隻都開往九龍，接駁撤退的部隊……十九點整，上尉下指令要我駛往昂船洲接運傷者。昂船洲已經被連續轟炸了二十四個小時。我運了三個擔架傷者，還有一些勉強能走的傷兵。二十一點，奉命炸沉添馬艦……夜特別黑，一點光都沒有，發射魚雷風險很大……我發射的第一顆魚雷，沒擊中。[1]

一九〇五年，留駐香港維多利亞港的添馬艦。

在同一頁上，還有一個短信，作者的祖父當年是添馬艦的水兵。她問的是：「我的祖父一直在添馬艦上，可是最後卻死在里斯本丸的災難中。六十年了，有誰可以告訴我他在添馬艦的生活？」[2]

戰爭結束後，港府打撈添馬艦，一部分撈上來的木板，據說就做了聖約翰教堂的大門。

沉沒水底的戰爭殘骸，竟然轉化為仰望天空的宗教情操。

一旦知道了「添馬艦」有這樣滲透著血和淚的歷史以後，就很難對添馬艦保持漠然。

但是，為什麼大部分的香港人不知道這些歷史，彷彿不在乎自己的歷史呢？恐怕也不是天生的冷漠，而是因為在殖民教育中成長；殖民帶來物質成就和現代化，同時也剝奪被殖民者對於歷史的細微敏感和自尊自重。

強勢政府，弱勢社會

今天的添馬艦，原來當然是海水，當年的軍艦添馬艦就停泊在這裡。填海之後，就是中環到金鐘海岸線核心區的一塊多出來的空地，以「添馬艦」為名，紀念香港悲壯的烽火歲月。在它「暫時無用」的幾年裡，添馬艦「意外地」成為香港的市民廣場：一萬四千個人在晴空下圍坐著吃盆菜；五千個人聚在一起泡茶；四千個人在星空下肩靠著肩一起看露天電影。這樣一塊「自由放任」的地，在講究精算的香港絕不可能長久。政府決定在這裡建總部。四．二公頃的地面上，兩公頃要闢做「文娛廣場」，另一半要建四棟政府大樓，每一棟大約三十到四十層高。那到底是多大呢？總建築面積，相當交易廣場第一期和第二期總和。建築費用？五十二億。

在剛剛興起的添馬艦的辯論裡，讓一個旁觀者最覺不可思議的就是，這麼重大的、影響城市景觀和生態結構的工程案件，竟然可以如此輕易地「過關」。如果是在紐約，在倫敦，在柏林，在東京，甚至在香港人挺「瞧不起」的台北，曾蔭權（特首）所提出的「添馬計畫」有太多問題會讓人窮追猛打了：

譬如問題一，為什麼政府總部要搬遷？人均辦公空間是否真的「嚴重不足」？它的人均辦公空間「不足」是以什麼標準在衡量？跟其他城市的政府空間做過評比嗎？結果如何？跟民間的人均工作空間相比又如何？這些訊息若是空白，它如何證明它的空間「不足」？

譬如問題二，假定數據證明空間確實「不足」，那麼高科技電訊溝通系統是否不能補足？當視訊、網路如此發達而且一天比一天發達的時候，傳統的所謂「辦公空間」的需求是否應該有全新的定義？是否做過調查研究？是否充分舉證了科技亦無法補足空間需求？

譬如問題三，假定人均辦公空間的「不足」有了科學的證明，那麼究竟應該繼續租用私人商業空間，還是擴大原有政府設施，還是乾脆遷址新建，針對各種選項是否做過徹底的分析比較？三種選項的經濟效應、環境影響、永續發展的評估等等，是否可以攤開在陽光下供學界挑戰，請媒體監督，讓社會檢驗？

譬如問題四，假定前述分析比較的結果確實是遷址新建為優，那麼，哪一個地址最為適合？為什麼不是亟需建設的九龍東南？為什麼不是資源分配偏低需要關懷挹注的新界？為什麼不是使用率低得離奇的數碼港？為什麼不是廢棄已久的西環屠宰場？[3]為什麼一定得是添馬艦？科學的理據和說服在哪裡？

譬如問題五，如果政府總部決定落在添馬艦，那麼九龍東南的規劃是什麼？那麼「政府山」古蹟群的未來是什麼？那麼新填海中環濱海長廊的具體規劃跟添馬艦之間的呼應關係是什麼？那麼西九龍又將如何？西環屠宰場要做何處理？

從政府已經披露的資訊來看，這些根本問題都沒有「一個蘿蔔一個坑」的答案，但是五十二億的款項，立法會已經通過了。各黨派，除了公民黨，很快就不說話了。少數民間團體，只能要求政府在廠商提出標書之後，把模型拿出來展覽。政府既不需要回答對根本問題的追究——因為反正也沒什麼人在追究；也不必做任何白紙黑字的承諾。答應展出招標事後的模型，還強調這是「破例」，而且人民不能給意見，政府已經給人民很大「面子」，做了「讓步」了。

香港政府真的強勢有為。民間，也真溫順得可以。

挖土機你為什麼這麼急？

我無意說，政府強勢一定不好。很多政府可能對香港政府充滿羨慕：預算超高（香港政府預算是台北的八倍），主導性超強，社會力超弱。強勢政府尤其喜歡在工程上展現魄力，因為工程是最容易看得見的政績。

香港政府的「勵精圖治」企圖是很明顯的：政府剛剛公布了中環新海濱規劃方案，宣稱要「締造令人嚮往的消閒休憩用地及海港和商業中心」，要「發展成為象徵香港的世界級海濱」。天星碼頭旁將興建三組商廈建築群，包括二十八層高的商廈、十八層高的「無敵海景酒店」，以及九層高但是長四百多公尺的「摩地大廈」。除了這「世界級海濱」之外，西九龍四十公頃的工程在規劃推動中，添馬艦將有政府大樓群等等，還不必談及大嶼山的開發以及各種跨界大橋的規劃。

政府強勢不一定不好，但是，當我們面對一個「勵精圖治」的政府時，當強勢政府像一個巨大的挖土機在橫衝直撞時，社會不能沒有一個深思的心靈和長遠宏觀的眼睛。我們可能必須在轟隆作響、天翻地覆的挖土機前，放上一朵脆弱、柔軟、美麗的小花。

脆弱、柔軟、美麗的小花提醒的是：

城市規劃是牽一髮動全身的。

以維多利亞港來說，中環濱海長廊的建築，勢必整個改變「香港的臉」——舉世聞名的浪漫維港景觀。想像你站到水中央，往維港四周緩緩做三百六十度的觀覽，從西九、尖沙咀、尖東、銅鑼灣、金鐘、中環、上環，一路流轉回到西九，維港的整體景觀，色彩、光影、山脊線與天際線的交錯，海港與建築風格之間的相輔相成協調之美，是否有整體的預想呢？或者還是讓每一個海濱工程孤立的、局部的、偶然性依一時一刻之需而發展？

政府原址「政府山」的古蹟群，是香港唯一的一片完整殖民建築風格了，曾蔭權無論如何不願承諾保護，這些古蹟若是有一天剷除了，又變成以金錢計算平方呎的地產價值，香港人能夠忍受這樣對待自己的歷史嗎？如果保留了，添馬艦五十二億的大洞，你又如何填補？

如果這一切都還沒想好——那麼，挖土機啊，你究竟為什麼這麼急？

香港跟誰比？

當主事者總是用「世界級」、「地標」、「香港精神」來描繪自己的「勵精圖治」的企圖時，我們能不能聽見一個小小的、安靜的聲音說，為什麼香港需要「地標」？「世界級」是跟誰比？比什麼？「香港精神」又是什麼？

西班牙的畢爾包怎麼能拿來跟香港比呢？畢爾包需要法蘭克・蓋瑞（Frank Gehry）的古根漢美術館作為地標，因為畢爾包是個極其普通的不起眼的小城，它可以用一個標新立異的特殊建築作為地標來突出自己。香港卻是一片璀璨，地標如雲，當地標被地標淹沒的時候，你還看得見地標嗎？地標還有意義嗎？

如果說，像畢爾包這種只有常民生活而缺特色建築的城市需要現代建築來作為地標，那麼地標簇擁的香港所需要的，反而是常民生活的沉澱，小街小巷老市場的珍愛呵護，讓「市井人文感」更醇厚更馥郁，而根本不是高大奇偉的所謂「地標」。

至於「世界級」，又是跟誰比呢？又是紐約倫敦巴黎柏林之流吧？問題一，為什麼要跟他們比？香港的基礎建設，比他們都好。香港的國際感，超過柏林。香港的治安，紐約不能比。香港的傳奇歷史，比倫敦還精采。香港自己就是「世界級」，哪來的自卑感，老是要用「世界級」來給自己壯膽增威？

問題二，就是要比，香港要跟這些城市比「世界級」的，仍舊是硬體工程嗎？什麼時候，你終於要開始跟人家比「內涵」呢？為什麼不去和巴黎倫敦的古蹟、老街、舊磨坊、人文薈萃的河左岸、車庫廠房裡的藝術村去比「世界級」呢？

然後，代表「香港精神」的，仍舊是「無敵海景」的酒店？仍舊是已經滿城皆是的購物商廈？這種意涵的「香港精神」，又是「誰」下的定義呢？地產商？還是灣仔、西環、屯門、大埔、深水埗的人民？

代表「香港精神」的，仍舊是「無敵海景」的酒店？仍舊是已經滿城皆是的購物商廈？
這種意涵的「香港精神」，又是「誰」下的定義呢？

一個謙抑樸素的政府

添馬艦所在，是香港的核心，香港面向世界的舞台。燈光一亮起，香港的嫵媚姿態光彩動人。請問，任何東西都可以被擺到舞台上去嗎？

封建時代，貴族以金錢和絕對的權力打造宮殿，宮殿成為城市的中心。在一個現代社會裡，政府是服務市民的「公僕」——它是人民的庫房、機房、廚房、帳房、屠房，也就是一個service quarter，服務區。誰會把服務區放到舞台上面去？誰會把庫房機房帳房廚房屠房，放到一棟房子最重要的前廳去呢？

城市走多了的人，有一個指標：一個城市政府大樓如果富麗堂皇，而且建在城市的核心，那通常表示，這個城市是個政權獨大的體制。如果主權在民，公民力量強大，政府大樓通常建得謙抑樸素，謹守「公僕」服務的本分而不敢做權力的張揚。紐約的市政府、柏林的市政府、倫敦的市政府，我們知道在哪裡嗎？他們占據城市的核心舞台嗎？

所以，嘿，把政府總部遷到西環屠宰場去如何？屠宰場很適合政府的「公僕」地位，而老舊的西環也非常需要社區振興，不是嗎？

中環最突兀的，是中華人民共和國解放軍大樓。把軍隊擺在香港面向世界最燦亮的舞台中心，等於是把兵器倉庫放到客廳裡去了，你能想像巴黎把軍隊駐在羅浮宮旁嗎？從前英國人這樣做，是為了炫耀它的殖民權力——企圖之囂張，不言而喻；今天，還有這必要嗎？景觀上不倫不類暫且不說，它所透露的粗暴意涵，更是招引負面解讀。曾蔭權政府最該做的，是設法把解放軍從中環遷走，把海濱還給人民。這不去努力，卻反而更將政府大樓擺到添馬艦去，說是創造一個「市民精神地標」（iconic civic core）。

在很多其他城市，公民恐怕早已「磨刀霍霍」上街抗議了。在一個公民社會裡，代表一個城市的「精神」的，絕不可能是一個城市的政府大樓。它可能是歌劇院，譬如雪梨；可能是博物館，譬如巴黎；可能是藝術家出沒的村子，譬如紐約；可能是老街老巷老廟老樹，譬如京都；可能是一條滄桑斑駁的老橋，譬如布拉格。但是，什麼樣的城市，會把市政府——一種權力機構，或服務區，當作精神標誌？

中環的維港是全世界看見的香港面貌，那面貌，真的是風情萬種。香港希望讓世界看見的，難道是市政府大樓？

把政府大樓放在添馬艦，怎麼看，都讓人覺得有一種權力的不知謙抑，不知收斂。

眞正的「香港精神」

更符合「香港精神」的，恐怕反倒是一萬個市民在晴空下圍坐吃盆菜，反倒是五千個人開心泡茶、聽音樂；反倒是四千個人在星空下肩靠著肩看露天電影，一起哭，一起笑。當世界看見的香港，不只是千篇一律的酒店和商廈，不只是冰冷淡漠的建築，如果世界還看得見香港的「人」——快樂的、悲傷的、泡茶的吃飯的、散步的追風箏的，憤怒示威的、激動落淚的，彼此打氣相互鼓勵的香港的常民生活，也就是一個有生活內涵、有人的性格的城市，那才真的是「世界級」的「香港精神」吧？

衡量社會的進步，錢，不是唯一的指標。一個四公頃的廣場，或許失去了以平方呎計算地產的金錢，可是一個面對全世界的正面的香港形象，能用港幣或美金來計算嗎？市民，因為在廣場「歌於斯，哭於斯」而凝聚出來的深遠文化認同和社群意識，能用一平方呎多少來計算嗎？

如果僅只在這些大商廈裡行走，你會得到一個印象：香港什麼都有，唯一沒有的是個性。

兩年過去了，西九龍前途未卜，中環海濱正準備大肆建築，添馬艦箭在弦上，政府山古蹟群處境堪危，香港的城市正在發生重大變化，可是，社會裡關心的人卻非常、非常少。兩個月前，我曾問一班大約五十個大學生，他們是否知道添馬艦的事情，答覆知道的只有一兩個。

文化主體性，我想並非僅只是政治層面的六四靜坐和七一遊行，香港和北京的精神拔河。關心香港本地的永續發展，關心香港留給下一代什麼樣的香港，是更關鍵的文化主體性的意識呈現。但是，政黨的立場搖擺不定，非政府組織的力量零散薄弱，大學生，對社會議題彷彿完全視若無睹，漠不關心。而他畢業後一旦進入政府，成為官僚體系成員，卻開始強勢行政主導。

陳冠中有一篇文章，我覺得是香港人了解自己必讀、外地人了解香港人必讀的，叫做〈我這一代香港人〉。他是這麼描述現在四、五十歲這一代，也就是社會主流的：

我們整個長期教育最終讓我們記住的就是那麼一種教育：沒什麼原則性的考慮，理想的包袱，歷史的壓力，不追求完美或眼界很大很宏偉很長遠的東西。這已經成為整個社會的一種思想心態：我們自以為擅隨機應變，什麼都能學能做，用最有效的方法，在最短的時間內過關交貨，以求哪怕不是最大也是最快的回報……不在公共領域集體爭權益，只做私下安排，也是本代人的特色……是的，我們愛錢。[4]

「在最短的時間內過關交貨」的思維，或許可以造就眼前的效率成果，但是窒礙了宏觀的、長期的、永續的思考。「不在公共領域集體爭權益」的順民習慣，或許可以贏得個人的事業領先，但是犧牲了社會整體的進步。

我不懷疑曾蔭權的愛港之心，但是他的決策可能是錯的，龍應台的意見更可能是錯的，但那不是重點。重點是公民參與，是公民辯論，重點是香港人何時敢挑戰短視和功利主義，是香港人何時敢把香港的未來抓在自己手裡，而不是放任菁英官僚和地產財團決定自己和下一代人的命運。

公民以香港為家，對香港負責，這，才是「文化主體性」，才是「香港精神」吧。

1 forcesreunited.org.uk.

2 一九四二年十月二日，日本商船里斯本丸載著一千八百一十六名香港的英國戰俘駛往日本，在舟山群島海面被美國魚雷擊沉。日軍鎖戰俘於船底。中國漁民搶救戰俘近四百人。近九百戰俘喪生。

3 二〇〇六年五月二十二日，香港《星島日報》報導：「荒廢了十三年，居民爭取清拆多時的堅尼地城焚化爐及西區屠場，終於清拆有期。土木工程拓展署二十一日表示，最快明年初展開清拆，為期兩年。環評報告指，整個焚化爐及屠場遺留大量有毒汙染物，包括致癌的二惡英、重金屬及石綿。但當局並不打算清理，只以石屎覆蓋了事。」

4 陳冠中《我這一代香港人》，二〇〇五，香港牛津大學出版。

我的現代，誰來解釋？

——以台北寶藏巖為例

二〇一一年十二月十八日，由《南方都市報》主辦的第三屆中國建築思想論壇在深圳音樂廳舉行，八位來自兩岸三地的學者、建築師，就「傳統與我們」發表專題演講，開場主題演說即為龍應台的「我的現代，誰來解釋？」

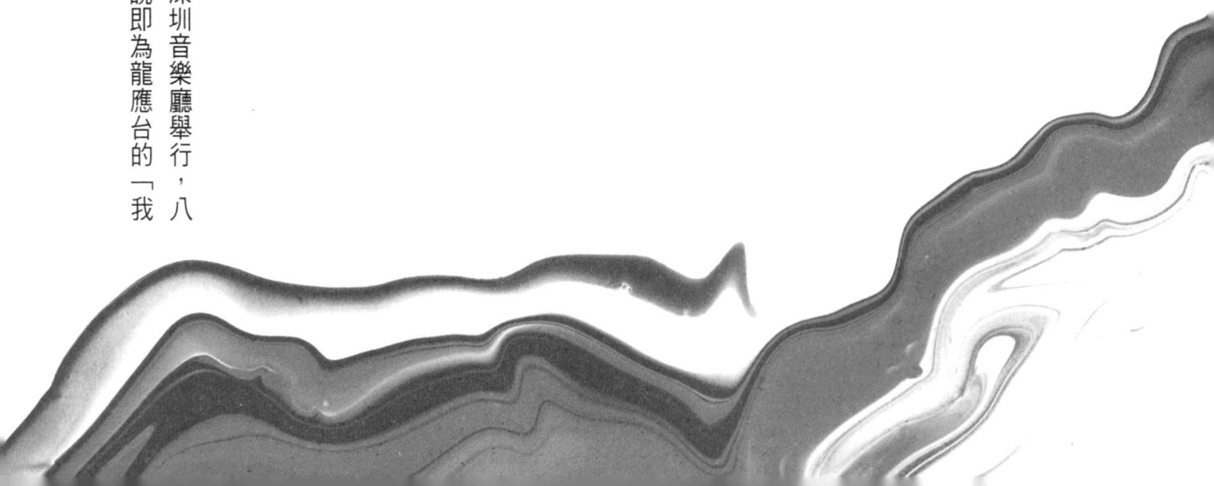

回想起來，當時反對的副市長，並不算錯，而且他的反對也值得尊敬。他從安全和公平的立場切入，我從突破窠臼和文化彈性的角度爭取，這兩者本來就是最尖銳的矛盾，本來就應該有衝突、辯論、攻防。

丟掉什麼擁抱什麼

今天來聽講的有很多重要的建築師和建築學系的教授，我怎麼「敢」來談建築呢？庫哈斯（Rem Koolhaas）設計的北京中央電視台構圖剛出現的時候，曾經在西方建築界引起了不小的評論。[1]跟他同樣來自荷蘭的知名評論家布魯瑪（Ian Buruma），曾經針對庫哈斯到北京這樣一個具有好幾百年建築傳統的城市去放下一個那麼驚人的、與周邊環境看起來完全不協調的建築提出批評。

他的評論基本上是這樣的：

如此龐大、突兀的建築體，庫哈斯自己一定非常清楚，是西方任何一個成熟的城市不可能容許建設的。之所以能在北京這麼做，只有一個理由：庫哈斯利用了北京政府「集權」又「集錢」的交集時刻，只有在這個特殊條件之下他才敢這麼「膽大妄為」地做。

另外一個例子也非常有意思。世界各國最優秀的建築事務所爭取的北京大劇院，最後被選中的是一個像「外星球掉下來」的東西。當時競爭失敗的義大利建築師非常失望，他說：

我花了很多的時間思考怎樣一個設計圖才能夠讓這個建築體跟整個北京環境、跟它的人文傳統協調，可是沒有想到最後得標的是一個從天空下來的飛行物。如果早知道中國人現在的情緒是想跟他的傳統一刀兩斷的話，那太容易了，比怪的話誰都會。

這兩個例子解釋了什麼呢？建築師其實是建構城市面貌的最後一個環節，在建築師要做設計之前有很多先決條件。一是當時的社會氛圍，一是當時人民的集體情緒——人民的情緒跟歷史有關，譬如說，他們可能剛好正在反叛所有前面存在的東西，或是剛好處在一個熱烈尋找、瘋狂擁抱他們失去的東西的時刻。這些氛圍和情緒決定了建築師有多大的揮灑空間，決定了他最後拿出什麼樣的成品來。

除此之外，還有可能更關鍵的一環，就是政府，政府的決策者有很大的運作空間去決定建築的風貌。運作空間有多大，還要看那個政府是民主或極權體制而有差別。譬如說，他可以決定哪些歷史要被大大地張揚，哪些歷史要用橡皮擦徹底擦掉；他可以運作，讓某些集體記憶變得偉大輝煌，某些集體記憶則隱藏滅音。譬如說，在一場大災難之後要建紀念碑，紀念碑究竟是要哀慟死難的人民，還是要表揚救難的士兵，是一個重要的價值抉擇，抉擇的權力往往在掌權者手裡，他怎麼決定，那個紀念碑就長成什麼樣子。

有前面種種的條件之後，建築師才用個人的才氣跟想像力進行發揮，建築師本身才氣的發揮是在那些網狀的限制之下進行的。今天來到這裡，是因為我曾經「混」進政府裡頭做過三年半的「實習生」，粗淺地知道一點點政府的實際操作。

消失的調景嶺

一九四九年，內戰促使大批中國人流亡海外，大概有一百二十萬至一百五十萬流落到了台灣，大概有一百多萬人一夜之間湧入了香港。在那麼短的時間內突然像洪水一樣湧

調景嶺的過去

調景嶺的現在

入這麼多人，可以想像城市的負擔；只要有空地，就可以搭起個棚子，遮風避雨暫時安身。亂時，人人視它為生存之理所當然，治時，這就叫「違章建築」。

香港有個人煙不至、沒有通外道路的荒山，叫吊頸嶺。一九五〇年六月，香港政府將難民和國軍的殘軍敗將大概六千多人全部運到這裡。「吊頸」的名字令人恐慌，所以改名「調景嶺」。難民開始胼手胝足挖地建棚，逐漸成村，有點像大陸的「城中村」，但是「貧民窟」的外表裡頭卻是臥虎藏龍，小老百姓之外，有抗日將軍、國大代表、縣長、作家、大學者。難民村，因為歷史的「含金量」高，所以就產生了好幾部小說以調景嶺為背景。

一九九六年，也就是回歸前一年，香港政府全面拆除調景嶺。重建後的調景嶺，搖身一變，換上香港最典型的密集高樓面貌。

這個面貌的轉換，中間是經過思索的，就是說，什麼樣的氛圍、什麼樣的人民的情緒、什麼樣的政府思維及其對未來的想像，就決定了它今天變成什麼樣的面貌。

留下寶藏巖

一九四九年流落到台北的人，有些就來到了台北郊外這個叫做「寶藏巖」的山頭，開始就地建棚。除了鄉村進城市的城鄉移民之外，很多是「老兵」。別忘了，我們慣稱為「老兵」的人，在兵荒馬亂的當年，可是風華正茂的少年。時代混亂，他們的人生也被錯置了。胡正懷先生是寶藏巖住戶的一個典型。他的身世是這樣的：

一九二五年出生在江蘇淮陰。十二歲那年抗日戰爭爆發，失學了，之後加入軍隊，一九四九年離鄉背井跟著軍隊輾轉到了台灣，最後到了寶藏巖落腳，在這裡住了一輩子。一九六八年退伍後，他做過鐵工，拾過荒，到醫院裡做過清潔工，這就是他的一生。

寶藏巖這個「化外之地」，也是很多部電影的場景，包括侯孝賢的《南國再見，南國》。

一九七九年，台北市政府將寶藏巖指定為公園用地，所有的違章必須拆除。這樣一個在主流文化之外形成自己的次文化的社會邊陲，面臨現代化迫近的巨輪時，應該怎麼做？若是依照法律和都市規劃的單一規則來看，它別無選擇，但是，有沒有什麼價值，是我們在單一的所謂現代規劃之外，也需要一併思考的呢？居民不斷地陳情，得不到響應，於是學界開始主動介入。台灣大學城鄉所的教授們帶領著學生，開始深入地關心這個議題，逐漸形成一種社會運動。

在寶藏巖是拆還是留的辯論中，發生了一件事。一九九七年，在台北市中心，有一個預定公園用地，亦即十四、十五號公園，陳水扁市長用了強勢手段進行了拆除，一萬多人被迫搬遷，其中一位老兵以上吊自殺抗議，這件事情對於社會造成非常大的震撼。一九九八年，台北市市長又要競選了，候選人之一是馬英九。學界中的積極分子，如台大建築與城鄉研究所的夏鑄九和劉可強教授，他們聚集了學界跟媒體界的力量，讓市長候選人簽署都市改革支票，承諾要「先安置後拆除」，先補償、安置，再進行拆除。一九九八年年底，馬英九上任台北市長，立即成立了專案小組，以副市長為召集人專案處理寶藏巖專案。一九九九年十一月，我受馬英九的邀請從德國回到台北進入公務體系。上任沒多久，夏鑄九就帶著他的學生找上門來。

夏鑄九是這樣回憶那次會面的：

就在那段時間，馬英九決定由歐洲找回龍應台任命為文化局長……我們約她在紫藤廬見面，我們的研究生還對我說，可能要準備兩三個鐘頭來好好說服龍應台。第一個就是寶藏巖，要讓久居國外的她知道有這麼一回事……等我們報告完了，龍應台當下就說沒問題，讓我非常震驚，這不是官僚作為。原本要準備兩三個鐘頭，打算說服的話，居然都不需要再囉唆了。簡報結束，她就說好，我們就可以散場了。在台灣，面對「國家」，這種經驗不多……選舉的時候，我們可以逼著馬英九簽字，我們很清楚那是選舉的特殊氛圍，可是龍應台卻覺得理所當然。她做這個判斷，證明她對文化是有看法的。[2]

夏鑄九說得沒錯，我對文化是「有看法」的。在他們為寶藏巖來「說服」我的時候，我已經在美國生活了近九年，在歐洲十三年。去歐洲之前，心裡對西歐的想像是一個尖端科技發達、高度現代化的地方，但到了德國跟瑞士之後，我非常震撼：奇怪，他們的「現代」怎麼會離泥土如此接近？容我借用我〈在紫藤廬和Starbucks之間〉這篇文章來解釋：

傳統的「氣質氛圍」，並不是一種膚淺的懷舊情懷。當人的成就像氫氣球一樣向不可知的無限高空飛展，傳統就是綁著氫氣球的那根粗繩，緊連著土地。它使你仍舊樸實地面對生老病死，它使你仍舊與春花秋月冬雪共同呼吸，使你的腳仍舊踩得到泥土，你的手摸得到樹幹，你的眼睛可以為一首古詩流淚，你的心靈可以和兩千年前的作者對話。

……

傳統不是懷舊的情緒，傳統是生存的必要。[3]

一九四九年離鄉背井跟著軍隊輾轉到了台灣，最後到了寶藏巖落腳，在這裡住了一輩子。

帶著這樣的理念，夏鑄九自然不需要太困難的「說服」工程。接下來才是真正艱難的，就是理念的執行與落實。所有高尚的理想，如果得不到落實，都是空的。我在公務員任內總共三年半，三年半的時間寶藏巖的案子無日無夜不在跟我們相處，每天都在「磨」這個案子，為什麼呢？

政府必須合法行事，寶藏巖的保存，牽涉十多個市府內部的各種問題，譬如：

一、違建聚落如何合法化？（都市計畫如何變更？）
二、地上建築物如何取得使用許可？
三、地質探勘、消防鑒定、建築結構鑒定、擋土牆的穩固、坡地排水的處理、臨水區防汛的設施、落石危險的防備……
四、居民安置？
五、社會公平的問題——排富條款如何訂定？
六、再利用計畫——成立藝術村的可能做法？

公文是要旅行的，每一步都花時間和精力。一個公文除了橫向的每個相關單位要知會、走完之外，還要由下而上的一層層負責、核准，一層層認定。文化局做了足足兩年半的努力，全部到位以後，終於到了最後階段——要跟市長做簡報了，市長拍板，就進入執行階段。

我記得那個市長主持的會議，所有相關一級首長全部到齊，然而原本花了兩年半時間協調好的各類問題，現場卻又全部變了卦：安全怎麼辦？消防怎麼辦？地質結構怎麼辦？簡直就是一個前功盡棄的會。基本上，我這個小局長是跟督導工程的副市長「鬧翻」了。我非常違反「官場倫理」地說，如果兩年半的功夫都是白費的話，那麼全案退回，本局不再辦理。

當然，後來峰迴路轉，再次重新開會，市長最後拍板定案，照我們原來所推動的做，因而有了現在的寶藏巖。回想起來，當時反對的副市長，並不算錯，而且他的反對也值得尊敬。他從安全和公平的立場切入，我從突破窠臼和文化彈性的角度爭取，這兩者本來就是最尖銳的矛盾，本來就應該有衝突、辯論、攻防。

這麼詳細說這個例子，是希望讓大家知道，做決策以及執行決策是一個非常複雜的過程。寶藏巖現在完整保留下來，成為藝術村，而且原來居住在內的老人家們也得以在村內安詳終老，這樣的結果，是怎麼來的？它有居民本身的奔走，有學界和文化界的長期追蹤及介入，還有我自己以及後來三任文化局長的接棒，最後，還需要一個市長的遠見和定見，上面這幾環是缺一不可的。寶藏巖是一個非常小的村子，可是它是一個革命性的案例。

長出來的藝術村

二〇一〇年十月二日寶藏巖變成藝術村，整個山坡結構全部修繕、穩固、翻新之後再回頭住進去，同時年輕的藝術家進駐其中一部分空的房子。這樣算來，這一個破村保存的努力做了足足二十年。

在寶藏巖開村後，我收到一封信，來自當年文化局負責寶藏巖的部屬。他說：

老師：

在文化局十年多的日子裡，寶藏巖是與我生活最久的夥伴。開村當天，懷著緊張的心情一早到了寶藏巖，忙到晚上近九點。在河堤看著星空，微風徐徐拂面而過時，心中閃過的是您在卸任時，寫給我的臨別贈言：「把市民放在心中。」

這是在辛苦付出，克服多重困難後的瞬間感受，謝謝您多年前安下的思想種子。

下次回來時，讓我們相約再去看看寶藏巖，它又變了。

寶藏巖國際藝術村

寶藏巖是一個邊陲挑戰主流成功的例子，也是文化思維突破法規與工程思維的例子，但是，一切問題都解決了嗎？它圓滿了嗎？一點也不。問題還非常多，比如說，政府作為一個資源分配者，現在還為這個村子編列預算，維持藝術村的運作，也照顧村裡的居民，但是這麼大的成本投入，是不是還符合社會的公平原則？它要投入到什麼程度？此外，寶藏巖是藝術展演區，但到底是誰在看？誰在被看？到此一遊的人覺得有所收穫，但是住在裡頭的人是何感受？

傳統跟現代怎麼接軌？如果我們對傳統有一個共同的認知，面對變局來了我們要選擇往左、往右、往前面的時候，這個決定是怎麼形成的？香港的調景嶺是一種選擇，一種決定。台北寶藏巖做的是另外一種選擇，另一種決定。如果說，這兩種選擇都叫做「現代」，那麼其中最細微的分野是什麼？

我想說的是，能夠稱為「現代」的，可能不在於建築或城市的外在面貌，而在於做決定、做選擇的那個過程。調景嶺的轉化和寶藏巖的轉化，起點一樣，結局兩樣，核心差別在於，後者是公民的共同決定。這一張照片，特別能說明這個過程：在寶藏巖拍的，最左邊是台大劉可強教授，代表學界的社會參與；他後面是侯孝賢，代表文化的滲透；劉可強旁邊是當時任公務員的龍應台，代表政府的決策和作為；而我這個官員旁邊緊貼著的，是寶藏巖的當地居民——底層的、在地的、庶民的力量。

最左邊是台大教授劉可強，他旁邊是導演侯孝賢，站在龍應台旁邊的是寶藏巖的當地居民——底層的、在地的、庶民的力量。

今天希望和大家共同思索的是：所謂現代，是否並不在於它最後表露出的形態，而在於社會裡各個階層、各個領域深度的碰撞、探索、抗爭、辯論，最後形成一個共識。那個過程出來的東西，才有可能真正地涵蓋這個社會的深層情感和最真實的集體記憶。在「公民有權解釋自己」這個基礎上「長」出來的建築，對我而言，才是有真實意義的「現代」。

1 雷姆．庫哈斯（Rem Koolhaas）：生於一九四四年，荷蘭建築師。二〇〇〇年獲得第二十二屆普利茲克獎。主要作品有葡萄牙波多音樂廳、西雅圖中央圖書館、北京中央電視台總部大樓，以及台北表演藝術中心。

2 台北市文獻委員會編著《走過寶藏巖——口述歷史》，二〇一一，台北市政府文獻委員會。

3 龍應台《面對大海的時候》，二〇〇三，時報出版。

附

寶藏巖歷史訪談

我相信，一個社會的進步，不能夠以犧牲少數人的幸福作為藉口，也盡量不以切斷過去的情感和歷史作為交換進步的代價。寶藏巖，一個小小的、破破的山頭荒村，保留下來，成為藝術家聚落，是經過學界的發起，以及很多基層公務員，花了很多個不眠的小時，耐著性子，慢工細活「潤磨」而成的。

從哪裡開始的？

民國八十八年九月四日，我以「龍參事」的身分首度踏進台北市政府大門。當時文化局還沒有掛牌，沒有真正上任文化局局長，城鄉所的教授們就萬分火急地來為兩件事「請命」。第一件是希望搶救紫藤廬。紫藤廬是基隆海關的財產，很可能被拆除建新大樓，他們憂心紫藤廬的歷史就隨之消失了。學者們已經努力了很久，但是完全得不到結果；另外一個就是寶藏巖。

我先處理紫藤廬，將之透過法律程序指定為古蹟，然後跟基隆海關交涉無償撥用，意思是說，如果基隆海關能夠將紫藤廬無償撥給文化局管轄的話，文化局就能夠接手去使它古蹟活化。這些都逐步做到了，於是有了大家現在所享用的紫藤廬；它的起點就是學界的發起和政府的努力。

緊接著處理的就是寶藏巖。八十八年十月二十三日，我第一次去寶藏巖會勘的時候，看到它就像香港的調景嶺（但現在香港的調景嶺已經被全部拆光，過去的歷史無影無蹤，和寶藏巖形成一個鮮明的對比）。

寶藏巖就是一個山頭布滿破落的違章建築。以都市發展的單一角度來看，只有一條路，就是全面拆除，而且當時的台北市政府正打算這麼做。可是我站在那一般人眼中的「貧民窟」山頭上，眼睛一調整，馬上可以從那窮鄙山頭裡看見另一番景象：一個山頭有錯落的小屋，如果把全部的小屋，譬如說，都漆成白色，它有可能會像從海上拔起的、山頭上的希臘小村落一樣的情趣盎然。在那一個聚落的殘敗狀態裡，我看得出這個地方轉型的潛能。「都市之瘤」，只要做得對，是可以轉化為「都市之光」的。

貧窮不是恥辱。台灣人走過戰爭，走過貧窮，走過破落，那是我們前人的足跡。何況貧窮中見奮發，戰爭後得和平，破落使人更懂得珍惜民生樂利。寶藏巖，不論從都市另類美學或是從歷史情感傳承來說，都是值得保存下來的。

我接下學者們的託付和期待。

接下來就是極其龐雜的法規層面問題要解決。和紫藤廬一樣，這又是一個文化局其實完全沒有管轄權的地方，它是隸屬公園處的，屬建管單位所轄，因此，首先要突破的就是，文化局如何取得法律上的「置喙」的權利。

古蹟，怎麼面對？

八十八年十二月十九日古蹟審查委員會正式成立，全國第一個，建立制度的委員會設置要點也出爐了，裡頭包括級別比較嚴格的古蹟以及彈性較大的歷史聚落的審定，兩個月內全部一一到位。此後，搶救、活化寶藏巖的漫長文化工程就開始了。

就在這時，民國九十年的元月，我去看了剝皮寮。剝皮寮給我的震撼很大。它是教育局的管轄範圍，因為跟老松國民小學連接。剝皮寮當然是有歷史意義的，章太炎曾住過那裡，杜聰明也在那裡，它同時是見證晚清台灣人移民足跡的一條街。可是九十年我看到的剝皮寮，是一個只有硬體建築的地方，裡頭的居民都已經撤空了，是一個被淘空了內容的保存方式。我對這種保存方式相當存疑。古蹟或歷史建物的保存，硬體建築只是一部分而已，如何讓它的情感內容、歷史脈絡、文化肌理繼續在原址上生生不息，很難，卻是我們最應該用心用力的部分。用巨大的經費把硬體做美，卻淘空它的內容，這樣的古蹟或歷史聚落的保存，是不是本末倒置了呢？

另一個跟觀念有關的背景是寶藏巖後面的小觀音山。當我們在進行一輪又一輪與市府內部各相關局處的細部協商與溝通的同時，我和古蹟委員會的成員們又去了寶藏巖，在民國九十年三月八日，這一回擴大範圍到後面的整個山區。寶藏巖後面連著公館的小觀音山，小觀音山在日治時代有一蓄水池，連著綿延山頭整套的汲水設施。當時考慮的是，設定古蹟或歷史聚落的時候，不可以只看孤立的、單面的「點」，一定要關照到「面」。看到「面」，你對於「點」的定位以及處理，才不會錯。所以三月那一次去會勘，就仔細地看了寶藏巖後面布滿整個山頭的日治時代自來水供應的產業系統。

後來古蹟委員會在討論此案時，考慮到，汲水系統是整個廢棄了，可是要了解台灣現代化過程的腳步，供水系統的某個關鍵，不管是管道或蓄水池，也應該做某個級別的指定，這樣會讓後代的人看到那種足跡。討論結果，因為它的範圍太廣，不容易指定，更不容易保存，委員會最後決議不指定。我舉這個作為例子來說明，我們對於寶藏巖的古蹟指定和保存，過程裡有各方各面的思維，不是一個「點」的簡單認定。當時的古蹟委員會裡的成員，每一個人都非常認真，我們之間有很深的討論。

文化局號召文化資產保存是民國九十年，距離現在剛好十年。十年之後你講古蹟或聚落的保存彷彿變成一個理所當然的事情。十年前可不是。當時，社會對這不太有感覺，風氣和觀念都不成形。而最大的問題，還在於行政結構本身。一個市政府，各局處各有所司。自有傳統以來，養工處的專業就是要去做路，交通局就是要去開拓衢道，公園處則碰到有一塊公園地，就要去把地面上的「障礙物」給拆了，做成公園，公園還要鋪設水泥硬地面，讓人家打籃球、跳晨舞，這些單位行之多年，是習慣性地以硬體建設的單一視角去看一個城市的。現在突然興起一個新東西叫做文化局，帶著不同的眼光和思維進來，這中間就需要特別多的溝通、協商和折衝。

所以十年前古蹟委員們和我就知道，我們在做的每一件事情，都要在做的同時把新觀念用力傳播出去——古蹟保存與活化是如此，老樹的保護也是如此，邊做邊宣傳，我很注重每一個執行案例的傳播效果，目的是讓保存的觀念不斷地在媒體上出現，那麼即使一時保存不成，至少觀念像漣漪一樣擴散出去，影響將來的人。這十年之中改變很大，回頭來看，那時候文化局的同仁真的非常辛苦。

中間又發生李春生教堂半夜被毀、蔡瑞月舞蹈社被火燒。這樣的事情不斷發生，那時我還央請警察局，讓他們二十四小時每小時巡邏一次李春生教堂，最後，就在半夜一點和兩點之間的巡邏空檔，教堂前門就被怪手給偷拆了。今天寶藏巖得以保存，而且以嶄新的風貌重新出發，必須放在當時那樣一個背景和脈絡中去了解，一路走來，很多人的努力藏在裡頭。

我特別帶著同仁到首爾去做了一次考察，去看首爾對於相似的，像寶藏巖這樣的聚落怎麼處理。首爾有一個地方叫做望月村，它也在一個極度向前發展的都市邊緣，就是首爾的寶藏巖，我們親自去走了一趟看首爾的做法，發現首爾的做法其實比不上當時我們在台北對寶藏巖的整套創意。

但我不是一個古蹟保存的所謂「原教旨派」，看到一個就要指定一個，保存一個。那時我和古蹟委員會有密切的合作與高度的共識，在討論一個建築是否具有保存價值時，不能不管它後面的問題，譬如說，指定下來之後，你如何維護它？維護的方法是什麼？如果必須要靠政府預算，那幾乎是死路一條，政府預算是杯水車薪；如果是私有財產，那麼屋主本身的保存意願以及維修能力如何？如果要靠社會募款才能夠保存——譬如李國鼎故居，我就發起電機界募款，募了兩千萬，但是如果募不到怎辦？凡是無法維護的，到最後，即使指定了也只有灰飛煙滅的結局。

比古蹟低階一點的，是歷史聚落或歷史建築，規定沒有古蹟那麼嚴格，維護或重修的彈性比較大。經過討論之後，我們認為寶藏巖被指定為歷史聚落比較適合。我記得在那個全面建立古蹟保護以及活化的觀念時，我們還做了一件事情，就是號召、結合各大學的建築系所的師生和我們做建教合作，我們提供建築和聚落，包括齊東街，建築系所的學生就有了一個活生生的學習實驗室。等於是我們在共同培養下一代的古蹟保存者和建築師，在這一個脈絡裡，水源地也因此指定下來。

城市的策略布局

二〇〇一年，國際藝術村在北平東路成立、揭牌了，寶藏巖和台北國際藝術村有關係嗎？

有的。對於城市的規劃，硬體建設只是大的想像和策略圖譜中的一環罷了。台北市，如何透過文化的力量，增加自己的區域或國際競爭力？身為台灣的首都，它又如何發揮首都的能量，為台灣贏來價值的「收入」？這是我為台北市做文化政策時的核心主題。同時台北還有一個特殊歷史處境：用「國」的名義很難走進世界村，用「城市」，卻可以。在這個大策略裡頭，有一個執行計畫，就是國際藝術村的創立。透過藝術家、作家交換互訪的全球網絡，我們可以把台灣的創作者輸送出去，把外面的創作者引導進來。國際藝術村在這樣的設計裡展開：一處是陽明山的草山行館。它被一把火燒光，公園處花了兩千萬進行整修後，移交給文化局。行館旁有幾棟警衛駐防空間，小棟小棟的獨立石頭屋，可以提供給藝術家居住。一處是北平東路的國際藝術村。國外來的藝術家當然要交通方便，就把他放在北平東路，因為在市中心，可以接觸市井小民的生活；而台北市本身資源較外縣市豐厚，國內的藝術家，譬如台東、澎湖的藝術家，來台北寫作，不需要熱鬧，可以進駐陽明山的草山行館。寶藏巖，就是第三個藝術村，開放給台北市年輕、付不起昂貴畫室和房租，但卻才氣奔放、潛力十足的藝術家。所以，當初的設計是將這三個點連線起來，去服務、去培養不同面向、不同貢獻的藝術家。寶藏巖從貧窮聚落轉化為藝術村的脈絡是這樣的。

行政機器，怎麼磨合？

保存寶藏巖的困難是什麼？它和公園處的原計畫相牴觸；和養工處、工務局、建管處，因山坡地保存的重點不同而有矛盾；和消防局因安全設施的考量需要協調；為了不把住在村子裡頭的老人家用公權力強制驅離，我們必須得到社會局的協助……，也就是說，你要保存寶藏巖，你就必須和十來個政府內部機構一個一個環節去溝通、去辯論、去吵架、去求情、去解釋、去磨合。

所以，為了使寶藏巖可以變成我想像中的轉型，成為台北之光，我們一方面趕快給寶藏巖歷史聚落法定地位，同時，文化局開始大動員——股長去跟其他十幾個局處的股長溝通，慢慢到科長跟全部的科長溝通，主祕跟其他相關局處的主祕溝通，從基層一層一層「磨」上來，真是歷經艱辛，最後才是局長跟所有其他局長溝通、拜託。在公務體系裡，如果只有首長跟首長有共識，那是不夠的。下面基層實際推動的公務員，如果沒有認同和共識，很難做得通。

歷經一、二年協調的過程，包括土質鑑定、山坡地安危、水的供應問題等等，都需要很長時間的細磨。而文化局又很堅持一件事，那就是，雖然寶藏巖是「違章建築」，我希望台北是個有「情」的城市，在這村子裡活了五、六十年的老人，我們總有個辦法容許他們在這裡終老吧？但是，依法辦事，我們仍然必須有法律的解套。怎麼解套？社會局協助我們祭出了「落日條款」，就是讓現住居民在此終老，但是他往生之後，下一代無權入住。當老人一個一個過去後，空出來的小屋就讓藝術家一個一個進來，原來的老人家沒有被一刀截斷他們跟生活環境的連結。我相信，一個社會的進步，不能夠以犧牲少數人的幸福作為藉口，也盡量不以切斷過去的情感和歷史作為交換進步的代價。寶藏巖，一個小小的、破破的山頭荒村，保留下來，成為藝術家聚落，是經過學界的發起，以及很多基層公務員，花了很多個不眠的小時，耐著性子，慢工細活「潤磨」而成的。

溫柔的承接

在設法說服市府團隊和馬市長保存寶藏巖的重要時，我曾經拿出一張寶藏巖的全景照片，指著照片上破落的房子說，「眼睛的聚焦加上一點想像力，這個山頭村落就可以變成油畫般的美麗。」

當時我傾向用「貧窮藝術村」的名字，因為在國際的藝術歷史裡頭，有貧窮劇場，「貧窮」這個詞，不一定是一個落後的、負面的詞，端看你如何賦予它新的含意。我有兩個層次的思維：你想像，將寶藏巖維持住樸素的狀態，當台北市變成進步的、富裕的城市之後，竟然還有這樣一個地方保留著，其實也是對於我們的父輩一種尊敬的表達，提醒自己我們來自貧窮，雖然走向了富裕，可是飲水思源，心懷感恩。在現代中，歷史的情感得以傳承，不是很好嗎？第二層念頭是，寶藏巖粗野的地理和型態，適合初起步的創作者進駐，以「貧窮」來標誌一種精神的素樸和清簡力量，尖銳，但也誠實，不是嗎？後來大概許多人對「貧窮」一詞還是芥蒂頗深，現在稱為「寶藏巖藝術村」，也好。

從第一次會勘到今天寶藏巖真的開始啟動成為藝術村，整整十年。從最早台大城鄉所的夏鑄九、劉可強和學生努力奔走，到古蹟委員們一次又一次地來回草叢跋涉，到首創文化局期間市府公務員的勤懇磨工，一直到我離任之後連續三任局長不懈地一棒一棒接力，寶藏巖正是一個非常完整的古蹟活化實例。都市之「瘤」被保存下來，用「油畫」的眼光去理解它、創造它。歷經戰亂的老人家，讓他慢慢離去；蓄勢待發的藝術家，讓他慢慢進來。這種新跟舊、傳統與現代、古老跟創新的一種溫柔的承接，就是我十年前保存寶藏巖的初衷。

＊二〇一一年四月一日，龍應台接受台北市文獻委員會執行祕書翁誌聰專訪，完整說明寶藏巖的搶救、保存過程。

鄉村幸福了，國家才幸福

二〇一五年十月二十五日，在新加坡新躍大學以「從村落到都會——我的私房文化相簿」為題演講。負責轉播的新加坡《聯合早報》，首度採取華文世界同步直播的方式，連結中國大陸、香港、馬來西亞、台灣等地，上萬名華文世界各地讀者與現場滿座一千六百名聽眾同時聽講，是建立華文世界溝通平台的一種模式。

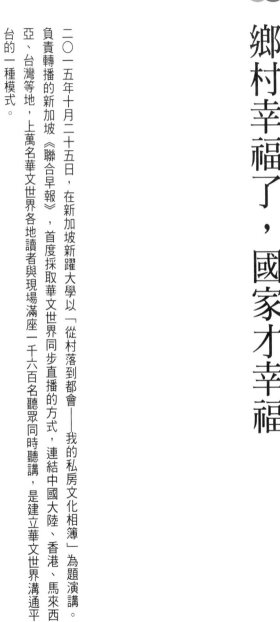

正義要進入鄉村，草根要變成主體，傳統要得到尊重，民間力量要甦醒，這些都是雙腳要牢牢踩在泥土上，才看得見的質變。

我是一個都會人。昨天，我從香港飛到新加坡，下個月會飛往維也納，明年初會到波士頓，再下一個月則是到海德堡大學。我是一個在都會裡寫書、讀書、生活、行走的人。可是，我是個來自鄉村的人。而這個背景，貫穿了我的寫作與公職，也塑造了我的信念。

前天下午三、四點下飛機，從機場到酒店，我又重新走上那條種植著美麗樹木的街道，感覺就像一條絲帶，由綿密的樹鋪排成，中間用九重葛打蝴蝶結。開車來接我的新加坡朋友，聽到我頻頻稱讚在美麗霧中這條美麗的路，告訴我那不是霧，而是很嚴重的霧霾。接著，這位朋友順勢說起了他過往的回憶，其實，新加坡人小時候是見過鄉下的。晚上與朋友聚會，我馬上丟給大家一個問題：「如果以十年作一個單位，你認為新加坡十年來最重大的改變是什麼？」

每個人的答案不盡相同，最大公約數是：向左轉。向左轉的意思是，新加坡人從過去全心全意擁抱、相信自由經濟，認為個人要靠自己的打拚來照顧自己，變成認為政府應該照顧沒有能力照顧自己的弱勢人民。因此，才下飛機沒多久，我就得到了兩個強烈印象：一、聽到新加坡以前有鄉村；二、政府現在會對弱勢族群伸出援手。

牛車走的路

談鄉村，就要從我自己的鄉村經驗談起。

我出生在一個群島上。台灣超過一平方公里的島，總共有二十八個，我出生的台灣島，面積三萬六千平方公里。台灣的海島文化由兩股主流糅合而成，一股是一九四九年以前的閩、客、原住民以及五十年日本文化的影響；另一股是一九四九年隨戰爭而來的中國各省的文化綜合。一九四九年後，來到台灣的國民政府掌握權力，壟斷歷史話語。因此，戰後在台灣長大的我們這一代，對於一九四九年以前的台灣了解較少。

特別挑出兩張日治時期的照片，讓不熟悉台灣的朋友了解，一九四九年以前的台灣其實有自己的語言和脈絡。第一張照片是一九三四年，台灣鐵路交通局鐵道部發出一張告

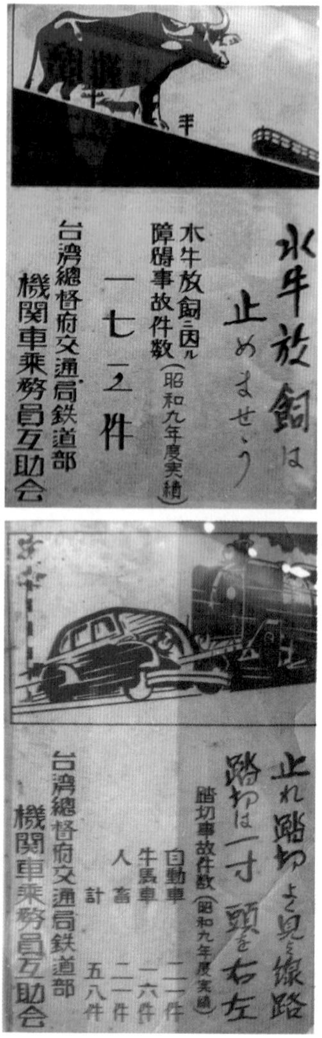

一九三四年台灣水牛（上圖）
與自動車（下圖）的交通事故統計表。

示，統計因水牛引發的交通事故，共有一百七十三件。第二張照片也是一九三四年，自動車引起的車禍有二十一件，牛馬車十六件，人畜二十一件。從這兩張照片可以見到台灣淳樸可愛的農村時代剪影。日本人一九〇八年在台灣完成從北到南的縱貫線鐵路，同時到處鋪設現代化馬路，讓汽車行駛。可是農業社會長年累積的生活經驗，一時無法調整，所以那個時候牛車會闖入鐵軌，人、馬或其他牲畜也不會讓路給車輛。

不過，現實可沒有這麼淳樸可愛，事實總是比較複雜。今天，我要向大家介紹一個現場應該很少人聽過的台灣作家——呂赫若。呂赫若是台中人，他曾到日本學習音樂，對戲劇、音樂與文學都有研究，也曾經在一女中擔任音樂老師。早年用日文寫作，一九三五年一月發表的短篇小說〈牛車〉，引起日本、台灣文壇注意，被當時文化圈視為青年才子，作品也被介紹到中國大陸。[1]

一九四七年二二八事件發生後，這位關懷勞苦人民的作家加入共產黨，甚至擔任地下共產黨機關報《光明報》主編，因此受到追捕開始逃亡。後來在一九五一年一次大規模軍警搜捕匪諜的過程中，呂赫若被迫躲進山區，失蹤了。一般的說法是，他在逃避追捕時被毒蛇咬死了，過世時只有三十七歲。

〈牛車〉這篇小說，剛好寫的就是剛剛那兩張照片的實景——一九三四年的台灣。小說主人翁楊添丁是農民，平常駕著牛車幫人送貨，賺取生活費。一九三四年，這一家人窮到連下鍋的米都沒有，因為火車、汽車、卡車的引入，使原來抬轎、駕駛牛車的根本無人雇用，出現大規模失業。日本政府還規定，馬路不准牛車行駛，那麼這些駕牛車的人要如何存活？好不容易有人請託楊添丁送幾袋芋頭，他只好在清晨兩點路上無人的時刻送貨，貼著兩旁非常崎嶇的路段行走。

小說是這樣寫的：日本人在馬路中間立了一塊石標，寫著「道路中央禁止牛車通行」，因為汽車要在鋪著平坦小石塊的路上行駛。駕牛車的農夫說：「我繳了納稅金啊！道路是大家的，哪有汽車可通行，我們不能通行的道理？」儘管抱持這種想法，可是，白天大人（警察）很可怕，所以沒有通過這裡的勇氣。他們知道，萬一不留神，打路中央經過，被發現的話會科以罰金。不過，楊添丁還是被警察逮到了，罰金兩元。究竟，兩元對農民來說是多還是少？小說中提到一個背景是，楊添丁整整工作了十天，得到的報酬是八十五分。但是，他駕牛車走了汽車道，罰款就是兩元，是他負擔不起的金額。故事的結局是，他活不下去了，鋌而走險，偷了滿滿一袋的鵝，鵝在袋子裡頭掙扎亂叫。最後一幕，是日本警察在後頭追捕，當他被撲倒在地時，發出垂死般的叫聲，之後，有關他的事，就杳無音訊了。

湧入兩百萬難民

一九四九年，由於戰爭的關係，突然之間大量人口湧入台灣。有多大量呢？對當時住在台灣的本地人而言，這些湧入的人口又帶來多麼巨大的困難？必須了解這個背景，才能明白現今台灣政治上關於本省、外省的爭吵，都是環環相扣。用今天的時事來比喻的話，德國人口八千萬，從敘利亞過去的難民有一百萬，梅克爾總理從一開始懷抱偉大胸懷，沒過幾天卻又急轉彎，封閉了邊界。為什麼呢？想想看，一個八千萬人的國家，突然湧進一百萬難民，水不夠用，交通工具擠爆，房子連德國人自己都不夠住，幼稚園、小學的招生員額全部超載，很多德國人開始怨聲載道，說難民要把德國撐爆了、壓垮了。

但是，一百萬人是八千萬人的百分之幾？百分之〇．〇一二五。然後想想看一九四九年，大約一夕之間一百五十萬到兩百萬人湧入六百萬人口的台灣，那幾乎是百分之三十三。當時台灣之艱辛困窘，大概可以用今天黎巴嫩的狀態去理解。

我自己的家族，就是跟著那場大逃難來到台灣。我有一張照片，是一九五四年攝於高雄港的，照片中我母親推著腳踏車，前頭的小孩是我弟弟。無論時代怎麼艱難，那時的媽媽們如同那張照片一樣，總是身穿旗袍，即使肩扛重物，滿身大汗。你如果問我，十八歲以前的模樣，有什麼特色，應該用什麼字來描繪？我腦中第一個浮現的字是醜。那時候的孩子都醜得不得了，男生剃光頭，女生穿卡其色制服，像金正日的士兵一樣學習踢正步，也學過趴在地上拿步槍瞄準射擊。我們這一代人，一出生就在看不見的戰場

我有一張照片是一九五四年攝於高雄港的；母親身穿旗袍，推著腳踏車，前頭的小孩是我弟弟。

上，等待衝鋒。我在綠島拍過一張相片，岩壁上刻著「滅共復國」，我們就是在那樣嚴峻的氣氛中長大。

戰爭的傷痕，其實幾十年也療癒不了。二〇一四年，我在一本雜誌上看到一則尋人啟事，讀起來讓人很辛酸，內容是這樣的：「尋親生父親（姓王或黃）。我親生父親一九四九年八月中旬在廣州白雲機場撤退香港機場，父親和爺爺當年同在白雲機場修理飛機每天上下班有車接送，全家租住在東山一幢二層樓的房子，園內有棵白蘭樹，家裡有纏腳奶奶……一九四九年八月中旬父親全家先隨機前往香港機場，父親較家人遲去三天，我於一九五〇年五月三十日出生……」這是事隔六十五年以後，尋找自己親生父親的尋人啟事。

呂赫若在一九三四年所見的台灣農村，我在十四歲的少女時期也經歷了。那一年，我隨著家人坐上一台裝滿破爛家當的卡車，半夜抵達海邊漁村茄萣。我寫了頗多關於茄萣的作品，其中有一篇，是關於我看到的台灣漁村。居民以捕魚為業，但是大部分的家庭也經營各種副業。漁家捕魚所得大約每月六百塊新台幣，那時，四十塊新台幣等於一美元。漁民養豬，也種番薯，以補貼家用，年輕人多半不願意繼承副業，寧可到台南工廠做苦工。牡蠣成熟時，大批婦女兒童被雇去剝殼，剝好一磅重的殼，可得工資五毛錢。動作快的婦女，一天可賺十塊錢。

六〇年代的台灣農村，婦女肩挑著孩子下田去。

我的母親也開始編織漁網，她雖然是警察大人的妻子，講閩南話有濃厚的外省腔，卻能跟隔壁的駝背嬸、金水嫂一起坐在地上，天南地北地聊天，一邊還手腳麻利地編網。我母親必須不斷打網，才有辦法幫我繳學費。當繳學費的日期接近，她的生活就是清晨四點起床，給孩子們準備好早點、便當盒，然後開始打漁網，一直打到夜裡十二點，每天編織將近二十個小時。密集編十天，就可以打完一張完整的大網，工錢是八十塊新台幣。

六〇年代的台灣鄉村，距離呂赫若描寫的一九三四年已經過了三十年，卻還是貧窮的，也缺乏基礎建設，很難說有文化。當時，我每天凌晨天色還是漆黑的時候，就穿著制服搭公車到台南女中上課。客運車顛簸得非常厲害，那是一條千瘡百孔、坑坑洞洞的公路，尤其是下雨後，三步一小坑，五步一大坑，每個坑裡都是黃濁的泥水。我曾在客運上看過一幕驚人的畫面，當時因為下雨，車子走得很慢，我眼睜睜看著前面的機車騎士摔進大泥坑裡，連車帶人消失。

輕視鄉村

一九七〇年，鄉村長大的我成了大學新鮮人，與天主教的第一次接觸，就是到教堂領奶粉與聖誕卡。那些聖誕卡對鄉下來的孩子而言，實在太美麗了，灑著金粉與星星，而裝飾著十字架的教堂，簡直就是美學啟蒙。當時很多人都是第一次喝牛奶，我是到了美國才終於喝到鮮奶，但每每覺得味道不對，總覺得奶粉泡的才是真正的牛奶。

我這一代鄉下人，第一次見到的高鼻子西方人，可能是到村子裡教長輩如何養豬的美國人，而當時都市青年的世界觀，來源也不過就是美國新聞處裡各式各樣的雜誌。美援從一九五一年到一九六五年，十四年間給了中華民國將近十五億美金的支援。如果我們把美援想像成一條水管，從水管裡流出來的文化價值觀，可能比金錢還重要。

我們究竟在什麼樣的文化結構裡成長？從鴉片戰爭開始，中國人就失去對文化的自信。經過梁啟超的探索、五四運動的論辯與中國大陸全面蘇化——我曾經說過，最去中國化的就是中國大陸。而台灣則是經歷了前半段的日化與後半段的美化，在一波又一波的歷程之後，我們非常缺乏對自己文化的信心。至於近一點的因素，則是在成長過程中，政府告誡我們有外來威脅，政權需要鞏固，文化被意識型態限縮。遠的近的因素加總起來，成長於七〇年代的我們，就在這種限縮過、剪貼過的文化結構中，發展出自己的文化態度。

我們輕視某些東西，擁抱某些東西，相信某些東西。

我們輕視任何與鄉村有關聯的東西，包括福建方言，將它視為販夫走卒的語言。我們也輕視地方戲曲，例如歌仔戲，認為它是鄉下吵死人的藝術，只能在廟前演出，讓嚼檳榔的人看。我們瞧不起民間信仰，也瞧不起鄉村社區文化傳統，無論是王船儀式、北管音樂、媽祖出巡，都被視為迷信的延伸。那時候，我們完全不去追問：為什麼我們看到西班牙的聖母瑪利亞出巡，儀式明明與媽祖出巡如出一轍，卻仍認為那是國際級的宗教傳統、最厲害的藝文盛世？因為，那時候，我們也輕視自己。

七〇年代的大學生，不聽國語歌曲，遑論台語歌，只聽英文歌。我們不知道歷史的來龍去脈，中國大陸的主義文學太陌生，然而我們對台灣戰前的作家同樣一無所知，因此，我們沒讀過魯迅、沒聽過賴和，卻知道卡夫卡、沙特、尼采、左拉、海明威、福克納。我們的知識到底是如何剪裁而成呢？我們相信國家、領袖、主義、社會穩定，根本不知道在此之外還有相對的概念。我們也沒想過，沒有美好的鄉土，怎麼可能會有美好的國家？

民主，草根的質變

台灣在七〇年代後有非常大的改變，最重大的改變，當然是一九八七年台灣解嚴，成為華人世界實質民主的第一位。再過十四個月，就是解嚴三十週年，回頭去看，民主到底帶來了什麼？或許當我們觀察、研究民主時，實在把太多比重放在選舉投票、權力政治的層次上，因為對我而言，三十年民主路帶來更深層的改變，是鄉村的質變。對台灣社會而言，選舉投票、國會打架，只是表面的鴨子毛而已，真正要看懂，必須看水面下鴨子腳的所有細節，也就是民間社會的質變。

我在鄉村長大的時光裡，環境比較閉塞，對政治一點也不了解。但是，我常常聽到耳語，知道隔壁的大哥失蹤了。小的時候，我就知道恐懼是什麼，儘管我完全不明白是什麼造成了恐懼。二〇一二年我做文化部長時，曾到雲林鄉下探訪一位婦人，她的哥哥是白色恐怖時期被槍斃的政治犯。當時槍斃之前，犯人會寫遺書，但這些遺書卻不曾交給家屬。幾十年後，我帶著她哥哥的遺書親手交給她。二〇一三年十二月十日，聯合國國

二〇一三年十二月十日，聯合國國際人權日，文化部長代表政府向五位政治犯家屬代表鞠躬。

際人權日，我代表政府向五位政治犯家屬代表鞠躬。我記得當時坐在第一個位置的高英傑，他的父親高一生是阿里山鄉鄒族人，一九五四年被槍決。儘管這些事已過了幾十年，不管是哪個黨派的政府都試著把藏在各部門抽屜裡鎖著的親筆遺書，一封一封找出來，並且找到他們的家屬，一個一個親手奉還。

所以，到底民主帶來什麼？它不只是國會打架、政治勾心鬥角，更深層的質變還是在民間，之所以質變在於民主的轉型，在於正義的實踐。十五年來，台灣政府總共發出新台幣兩百億的冤案補償金。我們當然知道，錢換不回生命，賠不起尊嚴，但是，如果沒有民主轉型，連最低階的道歉、遲到的正義大概都發生不了。民主必須實踐夠久，用力夠深，正義才可能走進社會底層，走進雲林、阿里山這樣的鄉村。

像春雨一樣的民間質變，也可在草根社區覺醒中看見，社區覺醒帶來了全新的文化態度。今天和大部分台灣人聊，他們會告訴你：「美國、歐洲、德國都很不錯，但台灣文化也很棒啊！」這種態度已經跟我當大學生的七〇年代非常不一樣，現在鄉村的人一般相當以自己的鄉土社區為榮。重點是怎麼定義文化？我們現在知道，並非只有瑪利亞才是文化，媽祖也是文化，我們以前瞧不起的王船、廟宇，其實無處不蘊藏人面對天地命運時的探索與沉思。

我在二〇一二年回到茄萣，參加十二年一次的王船祭，在出來迎接的鄉親中，看到兩

只有鄉村、底層感到幸福時，這個國家的基礎建設、人權正義、社會福利，才算真正實踐。

個高個子的光頭，熱情迎向前來。他們是我十四歲時家對面雜貨店的小孩，我們曾經擁有一段共享的時光與回憶。去到廟之前的那一段路，我們三個鄉下長大的小孩，手牽手走在馬路上。走到廟前，我非常恭敬地上香，現在的我虔誠地知道，不可以輕易地將信仰稱為迷信。

社區的意識一旦醒來，整個世界都不一樣了。現在海島群上的鄉下人，會到草地上聽音樂會，我記得有一次我坐在草蓆上聽音樂會，一位戴著斗笠的婦人突然走過來，推我一把，說：「閃一下，我要坐！」海島群上的農人，現在會主動跟藝術家交朋友，把鄉村環境整理得非常美麗。

民間發生質變，那股情感與力量相當強大。民間會自己出錢、出力，成立各種基金會回饋自己的鄉里。例如，苗栗的一個農村，居民把整個山頭開闢出來做陶藝教室，好讓孩子們學捏陶。農民竟然也會為了社區的整體美觀，約好種稻時間，讓稻子結穗時有一樣的高度與顏色，也讓鄉村景觀變得美好。

當然，台灣並非沒有破敗的村子，也並非沒有生活困頓的人。然而，地方、鄉村不再是鄙俗的代稱，傳統不再是令人輕視的過去，社區不再是國家的附庸，反而成了國家的主體，而在都會所能享受的生活品質，鄉村並不遜色。換句話說，正義要進入鄉村，草根要變成主體，傳統要得到尊重，民間力量要甦醒，這些都是雙腳要牢牢踩在泥土上，

十二年一次的王船祭，我們三個鄉下長大的小孩，手牽手走去廟前的路上。

才看得見的質變。

我雖然住在台北，但每個禮拜都會去屏東看我九十歲的媽媽。在屏東潮州鎮那樣的鄉村，也有像台北大安森林公園一樣的景象，我還會騎車到市場閒晃。有一天，我向一個婦人買了非常長的大紅花抱枕要送母親，那婦人賣力而扎實地把抱枕繫在我腳踏車後座。於是，你會看到一個屏東潮州大嬸婆，騎著一輛腳踏車，載著一個特別長的紅花抱枕，在路上悠晃悠晃。另外，有次我經過賣芭樂的攤子，牌子上寫「一堆五十」，我寫文章的職業病馬上犯了，停下腳踏車問老闆，為什麼寫「一堆」而不是「一袋」？聊開以後，知道老闆有個有機果園，我也答應下回要去看看他的果園。

無論作為一個寫作者，或是做決策的官員，我始終相信，只有鄉村、底層感到幸福時，這個國家的基礎建設、人權正義、社會福利，才算真正實踐。鄉村幸福了，國家才叫幸福。

1 呂赫若〈牛車〉，《呂赫若小說全集（上）》，二〇〇六，印刻出版。

圖片授權

頁031	中央社／陳漢中攝影
頁037	中央社／劉偉勳攝影
頁049	達志影像
頁069	達志影像
頁085	達志影像
頁087	鄧宗德攝影
頁101	達志影像
頁121	中央社／馮國鏘攝影
頁148	pixabay.com
頁179	達志影像
頁180	達志影像
頁189	台北國際藝術村－寶藏巖
頁191	鄧宗德攝影
頁213	達志影像
頁217	國家人權博物館籌備處

龍應台作品集 11

因爲殘酷，所以傾聽——龍應台演講集（下）

作　　者	龍應台
圖片提供	龍應台
編輯副總監	何靜婷
主　　編	尹蓓芳
封面設計暨內頁編排	陳文德
董 事 長	趙政岷
出 版 者	時報文化出版企業股份有限公司 108019 台北市和平西路三段二四〇號七樓 發行專線（02）23066842 讀者服務專線 0800231705（02）23047103 讀者服務傳真（02）23046858 郵撥　一九三四四七二四 時報文化出版公司 信箱　一〇八九九 台北華江橋郵局第九九信箱
時報悅讀網	http://www.readingtimes.com.tw
法律顧問	理律法律事務所 陳長文律師、李念祖律師
印　　刷	華展印刷有限公司
初版一刷	2023年5月12日
定　　價	新台幣400元

因為殘酷，所以傾聽——龍應台演講集（下）/
龍應台作. -- 初版. -- 臺北市：
時報文化出版企業股份有限公司, 2023.05
　面；　公分. -- (龍應台作品集；11)
ISBN 978-626-353-734-7（平裝）

078　　　　112005110